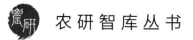

农研智库丛书

走好农业农村现代化之路

农业农村部农村经济研究中心 ◎主编

中国出版集团

研究出版社

图书在版编目 (CIP) 数据

走好农业农村现代化之路 / 农业农村部农村经济研究中心主编 . --
北京 : 研究出版社 , 2021.5
ISBN 978–7–5199–0992–5

Ⅰ . ①走… Ⅱ . ①农… Ⅲ . ①农业现代化 – 中国 – 文
集 Ⅳ . ① F320.1–53

中国版本图书馆 CIP 数据核字 (2021) 第 005437 号

出 品 人：赵卜慧
责任编辑：寇颖丹

走好农业农村现代化之路
ZOUHAO NONGYE NONGCUN XIANDAIHUA ZHI LU

农业农村部农村经济研究中心　主编

研究出版社 出版发行
（100011　北京市朝阳区安华里 504 号 A 座）

河北赛文印刷有限公司　新华书店经销

2021 年 5 月第 1 版　2021 年 5 月北京第 1 次印刷
开本：710 毫米 × 1000 毫米　1/16　印张：16.25
字数：162 千字

ISBN 978–7–5199–0992–5　定价：59.00 元

邮购地址 100011　北京市朝阳区安华里 504 号 A 座
电话（010）64217619　64217612（发行中心）

前　言

本书是"2020中国乡村振兴（太谷）论坛"的论文集。该论坛于2018年由中央农办和山西省委、省政府为纪念农村改革40周年共同发起举办，2019年改为"乡村振兴（太谷）论坛"，并由农业农村部农村经济研究中心与山西省农业农村厅和晋中市委、市政府共同主办。2020年10月11—12日，"2020中国乡村振兴（太谷）论坛"在山西省晋中市太谷区阳邑小镇成功举办。本次论坛主题是"加快推进农业农村现代化"。论坛邀请时任中央农办副主任韩俊同志，山西省省长林武同志，第十三届全国人民代表大会常务委员会委员、农业与农村委员会副主任委员刘振伟同志，全国政协农业和农村委员会副主任陈晓华同志，国务院参事室特约研究员尹成杰同志，国家发改委原副主任杜鹰同志，中国农业产业龙头企业协会会长刘身利同志等领导出席主论坛并作主旨发言，国家有关部委科研机构、国务院发展研究中心、中国农科院、中国农业大学及有关农业大学、农科院等顶尖科研机构的国内知名专家学者到会演讲。本次论坛有以下特点：

一是主题鲜明。论坛围绕"加快推进农业农村现代化"这个主题，突出深入贯彻习近平总书记关于"三农"工作的重要论述，特别是认真落实习近平总书记两次视察山西重要讲话精神，走好有机旱作农业之路；突出打造特色优势品牌和有机旱作农业品牌，着力深化农村改革，推进农业十大产业集群建设；突出建设好"晋中国家农业高新技术产业示范区"，更好地服务决胜全面建成小康社会，推进乡村振兴。

二是成果丰富。主论坛上，领导和专家学者紧扣论坛主题，对推进农业农村现代化发表了很有价值的意见建议，提出"十四五"时期，要牢牢把握国家粮食安全的主动权，协调推进乡村振兴与新型城镇化，在构建国内国际"双循环"新发展格局中释放乡村发展潜力，加快推进新一轮农村改革，把农业农村优先发展落在实处。山西省锚定农业农村现代化这个乡村振兴总目标，坚持"特""优"战略，坚持创新驱动，坚持改革引领，坚持城乡融合，坚持"三治"融合，推进山西农业农村高质量发展，走好有机旱作农业之路。分论坛围绕有机旱作农业、农产品精深加工十大产业集群、绿色兴农国际比较、乡村治理体系和治理能力现代化、全面构建现代特色农业产业体系等专题，从技术和制度两个层面开展研讨，交流经验和做法。

三是联系实际。论坛选在山西太谷——杜润生同志的家乡举办。汇聚农村改革的先行者、思想者、实践者等各路精英，聆听中央有关精神，反映地方特别是基层声音，上接"天线"，下接"地气"，增添了太谷论坛的魅力，这也是连续三年能够成功举办论坛的关键。论坛邀请的嘉宾和参会代表半数以上在基层从事农业农村工作，部分省市农业农村工作部门和国家农业农村科研机构的专家学者带来了各地的鲜活案例和最新科研成果，研讨内容紧贴山西实际，聚焦农村改革和农业科技创新，聚焦特色优势产品开发和有机旱作农业产业集群建设，为基层有效解决实际问题提供了指导，受到了与会嘉宾和会议代表的一致好评。

本次论坛引起了学界和社会的广泛关注。论坛期间，来自新华社、经济日报、农民日报、中国农业电影电视中心、山西日报、山西电视台等媒体的记者对会议情况和参会嘉宾进行了 20 余次采访和报道。会后，中国政府网、人民网、新华网、农业农村部网站等主流媒体和网站及时播发了会议概况和相关新闻，会议取得了较好的宣传效果和社会影响。会议全面贯彻党的十九届五中全会和中央农村工作会议精神，瞄准全面推进乡村振兴，加快农业农村现代化。为了更好地分享论坛的成果，我们将会议论文结集出版，以飨广大读者。这些论文代表了作者对中国农业农村现代化的最新见解，具有较高的学术水平。需要说明的是，在编纂过程中，我们对全书的体例和文字做了必要的订正，若有不当之处，敬请作者和读者批评指正。在本书出版之际，作为本次论坛的主办单位——农业农村部农村经济研究中心，向所有为本次论坛的成功举办作出贡献的单位和个人表示诚挚的谢意，特别感谢中共山西省委、山西省人民政府和山西省农业农村厅、山西省晋中市委市政府等主办单位对本次论坛的大力支持。

金文成

农业农村部农村经济研究中心主任

2020 年 12 月 10 日

目 录
CONTENTS

分论坛四　┃　推进乡村治理体系和治理能力现代化

圆桌对话　┃　全面构建现代特色农业产业体系

关于乡村全面振兴的若干政策问题思考

韩 俊

　　首先，我代表中央农办、农业农村部，对论坛的举办表示热烈祝贺！乡村振兴（太谷）论坛已经成功举办了两届。第三届论坛聚焦"加快推进农业农村现代化"，并紧密结合山西省委、省政府农村工作重大决策部署。这次论坛内容更加丰富，特色更加鲜明，参加论坛的代表也更加广泛，有来自北京的领导专家，有来自农业科研院所的专家学者，有战斗在全国乡村振兴第一线的基层工作者，有全国优秀的农业企业家代表。每年在杜老的家乡举办这样高层次的论坛，具有非常重要的意义。中央农办和农业农村部期待这个论坛能够继续办下去，而且越办越好，对全国乡村振兴战略的实施起到重要推动作用，对山西省"三农"工作发挥直接引领作用。

　　党的十八大以来，习近平总书记两次到山西考察，对山西做好农业农村工作做出一系列重要指示。山西省委、省政府深刻领会，深入贯彻落实，抓紧抓牢粮食稳产保供，有序推进农业供给侧结构性改革，持续推进有机旱作农业发展，全面推进乡村振兴的各项重点工作，各方面取得了重要进展，积累了重要经验。中央农办、农业农村部将会一如既往对山西"三农"工作给予高度关注和大力支持。

乡村振兴（太谷）论坛是一个很好的平台。此次论坛的主题就是要在新时代加快推进农业农村现代化。加快推进农业农村现代化，是实施乡村振兴战略的总目标，是全面建设社会主义现代化国家的紧迫任务。党的十九大提出实施乡村振兴战略以来，在以习近平同志为核心的党中央坚强领导下，乡村振兴的顶层设计全面布局，各地区各部门采取有力举措，统筹推进，乡村振兴实现良好开局，已取得重要阶段性进展，主要体现在：

一是脱贫攻坚战即将全面收官，取得决定性胜利。贫困人口"两不愁"质量水平明显提升，"三保障"和饮水安全问题总体解决。长期困扰贫困地区群众的出行难、用电难、上学难、看病难、通信难等老大难问题普遍得到解决。960万贫困人口通过易地扶贫搬迁住上新居，摆脱了生活的困境；农村贫困人口收入水平大幅提升，生活条件极大改善，2019年全国接近9000万建档立卡贫困人口人均可支配收入达到9800元以上，其中5000元以上的占到92%。贫困地区经济发展活力和实力明显增强，交通、水利、电力、通信等基础设施显著改善，教育、医疗卫生、文化等社会事业取得长足进展，贫困地区面貌发生了历史性变化。

二是乡村产业发展水平持续提升。我国粮食产量连续5年稳定在 1.3 万亿斤以上，稻谷、小麦两大口粮自给率 100%，三大谷物自给率稳定在 95% 以上，粮食产量和库存均处于历史高位。2019 年农产品加工业营业收入超过 22 万亿元，规模以上农产品加工企业 8.1 万家，吸纳 3000 多万人就业；农业产业化龙头企业达到 9 万余家。乡村新产业新业态蓬勃发展，电子商务、休闲农业、乡村旅游等大量涌现。新型农业经营主体加快培育，家庭农场数量到 2020 年 7 月底超过 200 万家（其中山西省已超过 6 万家）。全国农民合作社数量超过 220 万家（其中山西省超过 20 万家）。目前，全国各类农业产业园有 5000 多个，其中，国家级现代农业产业园累计创建 114 个，省级累计创建 1821 个，市县级累计创建 3804 个。

三是乡村生态文明建设、乡村治理体系建设、乡风文明建设扎实推进。特别是实施了农村人居环境整治三年行动，推进农村"厕所革命"，推广浙江"千村示范、万村整治"工程经验。全国 95% 的村庄开展清洁行动，农村卫生厕所普及率超过 60%，生活垃圾收运处置体系覆盖 88% 以上的行政村。近期热映的电影《我和我的家乡》就反映了我国农村发生的深刻变化和新风貌，这与持续推进乡村振兴战略的实施有重要关系。

四是农村民生持续改善。农村基础设施建设提档升级，农村公共服务供给提标扩面。随着乡村振兴战略实施的深入推进，全国各地涌现出了一批产业兴、农民富、环境优、治理佳、民风好的美丽宜居乡村。此次论坛所在的阳邑村，比五年前我来的时候更加美丽更加富饶。像阳邑这样产业兴、农民富、环境优、治理佳、民风好的村庄，现在越来越多。

今年以来，稳定粮食生产、恢复生猪生产、补齐全面建成小康社会"三农"突出短板等重点工作扎实推进。面对突如其来的新冠肺炎疫情冲击，农业压舱石和"三农"战略后院作用更加凸显。疫情期间几千万人回到农村，社会依然保持和谐稳定，显示出中国特色社会主义制度的巨大优势。随着脱贫攻坚决战取得全面胜利，全面建成小康社会的目标顺利实现，农业农村发展已站到新的历史起点。我们要以习近平新时代中国特色社会主义思想为指导，深入学习贯彻习近平总书记关于"三农"工作重要论述，全面认识农业农村发展的新形势、新阶段、新特点，有效破解制约农业农村发展的深层次矛盾和难题，有效应对各种风险挑战和不确定性。要以实施乡村振兴战略为统领，紧紧抓住历史机遇，加快农业农村现代化的步伐，确保2035年基本同步实现农业农村现代化。

在此，我想围绕五个方面的问题讲一点看法。

一是牢牢掌握国家粮食安全主动权。习近平总书记反复强调，要确保中国人的饭碗任何时候都要牢牢端在自己手上，中国人的饭碗应该主要装中国粮。世界上真正强大的国家、没有软肋的国家，都有能力解决自己的吃饭问题，只有把饭碗牢牢端在自己手中才能保持社会大局稳定。新冠肺炎疫情在全球蔓延，带来的冲击前所未有。疫情发生后一些国家纷纷限制粮食出口，引发对发生国际粮食危机的担忧。中央提出落实"六保"任务，明确要保证粮食安全，进一步凸显了解决好吃饭问题在经济社会发展全局中的极端重要性。总的来看，我国粮食连年丰收、库存充裕、安全保障系数较高，口粮可以做到绝对安全，当前不会发生粮食危机。大家最关心的大豆年消费量超过1亿吨，对外依存度高达85%，常年进口量8000万吨以上，占全球贸易量的60%左右，且进口来源国高度集中。我国大豆上半年主要从巴西、阿根廷进口，下半年主要从美国进口。今年（2020年）尽管国外疫情非常严重，但是我国大豆贸易处于正常状态，进口是增加的。我国粮食安全并没有过关，产需存在一定缺口，粮食供求的结构性矛盾仍然比较突出。作为第一人口大国、粮食进口大国，对国家粮食安全问题绝不能掉以轻心，必须坚持底线思维，增强风险意识、忧患意识，确保不出现任何闪失。要采取有力措施，进一步完善粮食生产支持保护政策，加快推动出台粮食安全保障法，强化粮食安全省长责任制考核，牢牢守住耕地红线，制止"舌尖上的浪费"，把粮食产能切实保住保好，把藏粮于地、藏粮于技的战略真正落到实处。

二是协调推进乡村振兴和新型城镇化。在现代化的进程中，"城"的比重上升，"乡"的比重下降，这是客观规律；无论工业化、城镇化进展到哪一步，农业都要发展，乡村都不会消亡，城乡将长期共生并存，这也是客观规律。我们要深刻领会这两个客观规律，协调推进新型城镇化和乡村振兴。1978年，我国农村人口7.79亿人，城镇化率17.9%。1995年农村人口达到高峰8.6亿人，城镇化率提高到29%。2019年农村人口减少到5.5亿人，城镇常住人口8.48亿人，城镇化率提高到60.6%。

但户籍人口城镇化严重滞后，比常住人口城镇化率低约 16.2 个百分点，意味着约 2.26 亿人没有真正融入。近年来，国家高度关注农业转移人口市民化，着力推进 1 亿非户籍人口在城镇落户，但农民进城还面临着一些需要克服的障碍。推进城镇化，要回归到推动更多人口融入城镇这个本源上来。推进新型城镇化，必须加快农业人口市民化进程，从根本上加快破除城乡二元结构。

在工业化、城镇化进程中，我国乡村的地位是值得我们深入思考的大问题。有不少人认为，只要城镇化搞好了，大量农民进城了，"三农"问题也就迎刃而解了。事实上，城乡关系绝没有这么简单！不管城镇化发展到什么程度，农村人口还会是一个相当大的规模，即使城镇化率达到了 70%，也还有几亿人生活在农村。在现代化过程中，如果重城轻乡，只顾一头，不顾另一头，甚至以牺牲乡村换取城市发展，必然会造成一边是越来越现代化的城市，一边是越来越萧条的乡村。到 2035 年，我们要基本实现社会主义现代化，大头重头在"三农"。"十四五"期间，我们要坚持农业现代化和农村现代化一体设计、一并推进，加快补齐"三农"短板，夯实"三农"基础，推动农业农村同步基本实现现代化。要围绕强化"钱、地、人"等要素供给，建立健全城乡融合发展体制机制和政策体系，加快构建新型工农关系、城乡关系，以产业兴旺为重点、生态宜居为关键、乡风文明为保障、治理有效为基础、生活富裕为根本，推动农业全面升级、农村全面进步、农民全面发展，推动乡村全面振兴，确保"三农"在全面建设社会主义现代化国家征程中不掉队，同步基本实现现代化。

三是要在构建国内国际"双循环"新发展格局中释放乡村发展潜力。构建国内国际"双循环"新发展格局是一个大战略，"三农"工作要在这里找到自己的定位。当今世界正经历百年未有之大变局，世界经济衰退成为各国普遍担心的重大议题，我们现在对此有了更深切的理解。经济全球化遭遇逆流，一些国家保护主义、单边主义盛行，地缘政治风险上升，增大了我国现代化建设的外部风险。在一个更加不确定、不稳定的世界中谋求发展，必须逐步形成以国内大循环为主体、国内国际"双循环"相互促进的新发展格局。我国目前最大的发展不平衡是城乡发展不平衡，最大的发展不充分是乡村发展不充分。解决好发展不平衡、不充分的问题，特别是要畅通国内大循环，要求我们更加重视和做好"三农"工作。从投资来看，乡村振兴战略的实施中，不管是产业发展，还是基础设施和公共服务项目建设，比如水、电、路、气、医疗、教育、文化等，都需要大量资金投入。今年（2020 年），中央几个部委就加快农业农村投资做出了全面部署，提出要加快高标准农田、农产品仓储保鲜、冷链物流设施、现代农业园区、动植物保护、沿海现代渔港、农村人居环境整治、农村供水保障、乡镇污水处理、智慧农业和数字乡村、农村公路、农村电网等现代农业农村重大工程项目建设，千方百计扩大农业农村有效投资规模。这些都是引领性强的项目，有利于推动生产和消费双升级。当前，扩大农业农村有效投资，关键是抓住国家扩大地方政府债券发行规模的难得机遇，努力增大用于农业农村的投资规模。中央已经做出部署，从 2021 年开始，我国土地出让收入要更多用于农业农村建设。在"十四五"期间，以省为单位核算，土地出让总收入用于农业农村的比重要提高到 8% 以上，土地出让的纯收益用于农业农村的比重要提高到 50% 以上。我国现在一年的土地出让收入是 7.5 万亿元人民币左右，如果达到 8% 的话，一年就是 6000 亿元，这也是拓宽乡村振兴投资渠道的重大举措。民间资本是农业农村投资的主力军，要在营造良好的投资环境上下功夫，落实好中央出台的各项促进农业农村投资政策，切实解决制约民间投资的融资、土地等瓶颈制约问题，增强社会资本投资农业农村的信心。从消费来看，我国农村居民年人均可支配收入在"十四五"期间将会突破 2 万元，增加的收入中会有很大一部分用于改善生活消费。农民从"不讲究"转向"不将就"，消费持续提质扩容，会释放出巨大的内需潜力，为扩大内需带来新亮点。释放农村消费潜力，必须加快补齐乡村建设短板，为城乡居民提供均等化的公共服务，推动实现城乡居民基本生活水平同步提升。

四是要深入推进新一轮农村改革。党的十八届三中全会以来，党中央对农村改革作出一系列重大部署，出台了一批顶层设计改革方案，实施了一批纵深突破的改革试点，建立了一批成熟定型的法律制度，农村基础性关键性制度更加完善，乡村振兴制度框架和政策体系基本形成，有效破解了制约农村发展的体制机制性障碍。当前，农村改革也存在进展不平衡、政策协调不够、配套措施不到位等问题，农村改革综合效应还未充分释放。推进新一轮农村改革，要抓好统领性改革事项。比如农村集体产权制度改革，巩固完善农村基本经营制度，二轮承包到期以后再延长30年，这些都是统领性改革。要推动在关键性改革事项上取得突破，审慎推进敏感性改革事项，如宅基地制度改革等。推进新一轮农村改革，要鼓励地方创新、尊重基层创造，注意总结先进典型，可复制可推广的要加快在全国推开。比如发展壮大社会化、专业化的农业服务组织，山西在这方面就有很好的经验。农村改革不论怎么改，都不能把农村土地集体所有制改垮了、把耕地改少了、把粮食生产能力改弱了、把农民利益损害了。这是习近平总书记反复强调的"四个不能"，是农村改革必须守住的底线，如果任何一个方面出了问题，就出现了方向性问题。脱离农村实际、搞大轰大嗡的事，历史上是有过深刻教训的。做好新时代党的农村工作，必须始终坚持从实际出发，遵循经济社会发展规律，因地制宜、分类施策，做到对症下药、量体裁衣。在事关人民群众切身利益问题上，不能搞"一刀切"，更不能"大跃进"。必须以民为本、尊重农民意愿，依法依规、稳妥慎重，把握好"时度效"，扎扎实实为民办事、为民造福，切不可把改善民生的事办成滋扰百姓的事。

五是要把农业农村优先发展落到实处。农业农村优先发展是推进我国现代化建设的重大原则，是乡村振兴战略的总方针，是完善强农惠农富农政策的基本遵循。目前，农业农村优先发展制度尚不完善，乡村振兴所需"人""地""钱"缺口很大，实现乡村振兴要素支撑不足。一些地方资源要素还是自觉不自觉地向城市配置，基础设施、公共服务、社会管理还是向城市倾斜，城市发展一马当先，农业农村工作排不上，乡村建设被甩在了后边。党中央对农业农村优先发展的总方针非常明确，就是"四个优先"。一是在干部配备上优先考虑，充实"三农"干部队伍；二是在要素配置上优先满足，引导和支持要素流向农业农村；三是在资金投入上优先保障，建立投入稳定增长机制；四是在基础设施和公共服务上优先安排，改善农民生产生活条件。这"四个优先"是 2018 年以来每年中央一号文件都要强调的。中央要求加快农业农村优先发展的顶层政策设计，中央农办一直在加强调研相关政策。落实好农业农村优先发展要求，要健全党委统一领导、政府负责、党委农村工作部门统筹协调的工作体制，落实党政一把手是第一责任人、五级书记抓乡村振兴的工作要求。实施乡村振兴战略，要真刀真枪地干，要真金白银地投，要像抓脱贫攻坚一样抓乡村振兴，最核心的就是五级书记抓乡村振兴，这既是 2018 年中央一号文件提出的要求，更是 2019 年开始实施的《中国共产党农村工作条例》的规定。各级党委农村工作部门要切实履行好决策参谋、统筹协调、政策指导、推动落实、督导检查等职责，推动打通涉及多部门的关键节点。

今天在座的也有县委书记。党管农村工作是我们党的传统。

在县域范围内，农村工作千头万绪，既需要分兵把口，也需要统筹协调、形成合力，摆布好力量。在一个县域范围内，"三农"工作能不能排上号，关键就看县委书记抓不抓。县级农村工作领导小组由县委书记担任组长，这是《中国共产党农村工作条例》定下来的，县委书记必须把"三农"工作紧紧抓在手上，当好乡村振兴的"一线总指挥"。

（作者时任中央农办副主任、农业农村部副部长）

主论坛

加快推进农业农村现代化

粮食安全与立法

刘振伟

我国的粮食安全，无近忧、有远虑，结构性矛盾长时期难以缓解，供需紧平衡长时期难以逆转，不稳定成为常态。要始终增强风险意识，如履薄冰，持之以恒，把粮食安全问题解决好。

从短期看，我国粮食安全无近忧。改革开放以来，我们改革政社合一的"人民公社"生产组织形式，实行家庭承包责任制，释放了农村生产力，短时间解决了城乡居民的温饱问题。党的十八大以来，各级政府加大投入，粮食综合生产能力不断提高，粮食连年丰收，连续五年稳定在6.5亿吨以上（1949年为1.1亿吨），平均亩产381公斤，人均占有量470公斤（1949年为209公斤），超过世界人均390公斤的水平。粮食库存消费比超过50%，口粮库存可以满足城乡居民至少一年的正常消费。加上品种进口调剂，粮食供给近期无忧。

从长期看，我国粮食及主要农产品供给有远虑。今后若干年，按照14亿多人口、人均消费按"十三五"时期平均数匡算，我国主要农产品最低生产量为：粮食 6.5 亿吨以上，棉花600 万吨以上，食用植物油 7000 万吨以上，食糖 1500 万吨以上，肉类 9000 万吨以上，水产品 7000 万吨以上，奶类 4000 万吨以上，水果 2.8 亿吨以上，禽蛋 3100 万吨以上。上述匡算，未考虑消费水平提升因素，是底线匡算。

实现上述目标，并不轻松，有以下几个理由。

一是，自 2004 年以来，我国农产品进出口贸易由顺差变为逆差。逆差逐步扩大，年际在 500 亿—700 亿美元之间。我国目前是世界第二大农产品进口国，占世界农产品进口额的 10% 左右，是第五大出口国，占世界农产品出口额的 5% 左右。

二是，自 2007 年以来，我国粮食等主要农产品进口逐步扩大，进口大于出口。粮食年际进口在 1400 万—2200 万吨之间，大豆在 9000 万吨左右，两项合计进口量超过 95% 的粮食自给率。棉花、油料、食糖、肉类、乳制品等主要农产品进口量增长速度较快，有的品种增幅较大。我国人均占有粮食低于发达国家人均 600 公斤水平，联合国粮农组织 2016 年将我国列为"粮食保障不稳定国家"。

粮食安全涉及三个概念：一是口粮安全概念。我国城乡居民现在家庭年人均消费原粮 127 公斤，加上外出就餐，人均消费 175 公斤，全国每年需消费原粮 2.5 亿吨（国家粮油信息中心2019 年数据为 2.67 亿吨）。我国谷物产量 6.1 亿吨，其中稻谷2 亿多吨、小麦 1 亿多吨，两项合计产出高于口粮消费。2001年至 2019 年进口的粮食，稻谷和小麦合计占 6%，主要是品种调剂，不是总量出了问题，我国口粮绝对安全。二是粮食安全概念。粮食消费包括口粮、饲料用粮、工业用粮及种子用粮。我国养殖产品年产量 2 亿多吨（肉类 7759 万吨、养殖水产品 5079 万吨、蛋 3309 万吨、奶 3300 万吨），需要消费原粮 2.7 亿吨（谷物 1.9 亿吨，其中 70% 为玉米，豆粕等折合大豆 8000 万吨）；工业用粮 1.6 亿吨（深加工 8800 万吨、制酒精用 2400 万吨、制淀粉用 4900 万吨）；种子用粮 1000 多万吨。口粮、饲料用粮、工业用粮、种子用粮再加上安全储备，缺口不小，这是远虑。三是食物安全概念。食物安全包括粮、肉、蛋、奶、瓜、果、蔬菜及食用林产品等，联合国粮农组织使用食物安全概念，是比较科学的。"三个安全"中，口粮安全是底线，粮食安全是基础，食物安全是高线。粮食安全了，食物安全才有保障。农产品有资源替代关系。从我国国情出发，今后需要高度关注的仍是粮食安全。

三是，粮食生产的资源约束趋紧。我国农业资源偏紧，人均耕地 1.52 亩，不到世界人均 3.38 亩的 50%，城镇化使农村优质耕地持续减少，质量等级较高的耕地仅占 30%，水土流失面积大；人均淡水资源 2100 立方米，是世界平均水平的 28%；信息化、工业化使农村青壮年劳动力持续流出；农业比较效益低导致农村资金持续流入城市，资金瓶颈约束多年来没有缓解。

四是，粮食生产科技支撑能力亟待提升。我国稻谷、小麦、玉米亩产水平分别相当于发达国家的 63%、65%、54%。2019 年大豆亩产 129 公斤，为发达国家水平的 52%。优质水稻、专用强筋弱筋小麦、高油高蛋白大豆等品种供给缺口大。科技创新及转化较慢，近些年突破性的大成果少，农业科技推广渠道不够畅通，农业科技进步贡献率低于发达国家20—30个百分点。农业机械化发展不均衡，水稻耕作为54%，农产品初加工为37.6%，丘陵山区农机化率更低。农业生产大量依赖化肥、农药投入，我国占全世界10%的耕地，使用了占比25%的化肥和30%的农药，是典型的化肥、农药依赖型农业，化肥、农药利用率分别为33%、36%，改善的空间大。秸秆、畜禽粪污、生活垃圾等有机废弃物年合计超过54亿吨，许多未能及时处理或有效利用，解决面源污染、促进绿色发展任重道远。（发达国家很早就注意到化肥、农药过量使用的危害，立法限制化肥、农药使用，支持鼓励使用有机肥，有机肥生产已形成产业。有专家统计，美国有机肥使用占比46%、英国57%、德国60%、澳大利亚55%、日本76%。）

五是，气候变化及国际贸易的不确定因素增加。全球气候变化导致自然灾害频繁发生，威胁粮食生产。新冠肺炎发展演变上的不确定性，使粮食国际贸易产业链、市场供应链的不确定因素增加，外部压力加大。

六是，在粮食支持保护政策，主产区粮食调出补偿政策，粮食价格形成及调控机制，粮食收购、储备、流通、加工、减少损耗、制止浪费等方面，有很大的政策调整和完善空间，粮食法制体系还不健全。

鉴于此，需要加快推动粮食安全保障立法，立足于顶层设计，对粮食生产、收购储备、流通加工、质量安全、减少损耗、制止浪费、宏观调控、支持保护等作出系统性规范，健全粮食安全制度体系，为粮食安全提供坚实保障。

一是坚持以习近平总书记的粮食安全观为指导。

习近平总书记指出："要把保障粮食安全放在突出位置，毫不放松抓好粮食生产，加快转变农业发展方式，在探索现代农业发展道路上创造更多经验。""'谁知盘中餐，粒粒皆辛苦。'尽管我国粮食生产连年丰收，对粮食安全还是始终要有危机意识，今年全球新冠肺炎疫情所带来的影响更是给我们敲响了警钟。""对我们这样一个有着14亿人口的大国来说，农业基础地位任何时候都不能忽视和削弱，手中有粮、心中不慌在任何时候都是真理。这次新冠肺炎疫情如此严重，但我国社会始终保持稳定，粮食和重要农副产品稳定供给功不可没。""十几亿人口要吃饭，这是我国最大的国情。良种在促进粮食增产方面具有十分关键的作用。要下决心把我国种业搞上去，抓紧培育具有自主知识产权的优良品种，从源头上保障国家粮食安全。"

因此要认真落实习近平总书记的粮食安全观，将其作为粮食安全保障立法的指导思想。

二是明确国家粮食安全战略。

将"谷物基本自给，口粮绝对安全"的方针转化为法律规范，明确"以我为主、立足国内、确保产能、适度进口、科技支撑"的国家粮食安全战略，牢牢掌握粮食安全主动权。1996年，为了回应国际上"谁来养活中国"的舆论，我国政府发表了《中国的粮食问题》白皮书，确定粮食（含大豆、薯类）要达到不低于95%的自给率，进口不超过5%的警戒线，向全世界庄严承诺"中国人民有能力依靠自己的力量养活自己"。《国家粮食安全中长期规划纲要（2008—2020年）》，亦按照这个自给率规划粮食生产消费。坚持95%的粮食自给率和5%的进口警戒线，有利于绷紧粮食生产这根弦，防止乐观自满，应当继续坚持。在工作上，要毫不动摇把主要农产品供给特别是粮食生产放在"三农"工作首位，作为"三农"工作的主线。在坚持不低于95%自给率的基础上，进口一些优质农产品，调剂国内余缺及品种结构，满足不同消费群体的需求，缓解资源约束压力。农产品进口量要适度，防止演变为过度依赖，防止挤压国内产业发展和农民收入增长。有观点认为"进口农产品就是进口土地和水资源"。资源替代是有前提条件的，如果将超大人口规模、国内产业发展、农民收入增长、进口依存度、进口集中度、市场供应链稳定性等因素综合权衡，问题和隐忧不少。在14亿人口的大国，吃饭问题走大开大合的路子，相当危险。日本等国不断降低粮食自给率的做法，是无奈之举，我们不应效仿。美国进口农产品数量比较大，是缘于地理、气候因素，种植结构单一，农产品品种少，进口是为满足多样化消费需求，但他们优势农产品出口量很大。美国的做法，我们无法借鉴。

三是明确规范粮食生产扶持政策。

粮食安全保障法应聚焦国家粮食安全战略，集成各种优惠政策和支持保护措施，千方百计调动粮食主产区和生产者积极性，千方百计提高种粮比较效益。

第一，完善中央财政对粮食主产区均衡性财力转移支付、产粮大县奖励等政策，加大支持力度。

第二，完善公共财政对农业基础设施建设、科研教育、技术推广、生态环境保护等方面的支持政策，建立稳定的投入增长机制。

第三，提升农村金融、政策性农业保险及涉农信贷担保服务粮食产业的水平和效率。

第四，出台新的支持扶持政策。建立粮食生产风险基金，从粮食加工、流通、消费等环节筹措，取之于粮，用之于粮；对主产区发展粮食产业化给予扶持，支持发展"粮头食尾""农头工尾"精深加工；加大对专业大户、家庭农场、农民专业合作社等生产经营主体生产粮食补贴力度，取消"大锅饭"式的耕地种植补贴；扶持农业社会化服务组织发展，包括农技服务、农资供应服务、农机服务组织等；建立省际粮食产销利益调节补偿机制。

第五，规范土地出让收入收益50%用于乡村振兴的要求，增量投入首先保证粮食生产。

四是明确藏粮于地、藏粮于技和藏粮于库的有机协调机制。

藏粮于地、藏粮于技、藏粮于库有机协调，可以防止生产大起大落，减少粮食周期性波动。

藏粮于地。确保18.65亿亩耕地、15.46亿亩永久性基本农田、10亿亩高标准农田、16.5亿亩粮食种植面积不减少，遏制占多补少、占优补劣、占水田补旱地等违法违规行为；实施耕地质量保护提升行动，加大农田水利设施建设力度，将提升耕地质量等级、增加有效灌溉面积纳入"十四五"国民经济和社会发展规划，作为约束性指标监督考核；将全国 6.108 亿亩建设用地总规模作为约束性指标，不能突破。

藏粮于技。创新粮食优良品种培育技术、栽培技术、产后加工技术、减少损耗浪费技术，推进粮食高产、优质、高效、生态和质量安全。

藏粮于库。深化粮食储备制度改革，建立国家粮食安全储备、企业经营性周转储备、农户自储等多元化多层次粮食储备体系；划定国家粮食储备安全底线，对储备品种、规模、地区布局统筹规划，压缩经营性周转储备，鼓励地方和大中型粮食企业增加经营性周转；明确产区储备与销区储备的功能定位，减轻主产区粮食储备财力负担。

五是明确粮食安全保障调控机制。

粮食是关系国计民生的特殊商品，具有准公共产品属性，不能完全市场化。粮食生产受市场、自然风险双重影响，产出波动大。鉴于上述粮食生产的两大特征，不能多了就放，少了就统，需要建立一以贯之的稳定性政策。在产出环节，完善政府的宏观调控机制，构建价格形成与生产成本、农民收入增长挂钩机制；在产后环节，完善粮食收购、加工、流通、市场预警、信息发布和应急保障制度；在进出口环节，统筹粮食产、供、销、储、进出口调控制度，国内生产与国际贸易有机协调联动，防止逆向操作。

六是明确减少粮食损耗、制止浪费的法律规范。

我国粮食在收获、运输、储存、销售、加工环节的损耗浪费率超过 10%（收获环节损耗 3%、加工储藏环节损耗浪费 5%、餐饮环节浪费 3%）。中国农科院专家通过典型调查，估计肉类损耗浪费 9%、蛋类 3%、鲜奶及加工 9%、蔬菜 30%、水果 16%。联合国粮农组织测算，全球从收获到消费的各环节，食物损耗浪费至少 14%，不发达国家为 20%。按照 6.5 亿吨的粮食产量，10% 的损耗浪费率，我国粮食总损耗浪费在 6500 万吨以上。如果将各环节的总损耗浪费率降至 5% 以下，每年可节约粮食 3700 万吨以上，相当于一个粮食大省的产量。

减少粮食损耗、制止浪费，要重点考虑三个层次的问题：第一，加强宣传引导和道德教育，营造节约粮食光荣、浪费粮食可耻的社会氛围，倡导文明、合理、节俭的消费方式，反对和抵制讲排场、摆阔气的奢侈浪费陋习。第二，加强科技创新和先进技术推广应用。通过改进收获技术、储藏技术、加工技术等，减少技术性、物理性损耗（小麦人工收割损失率为 10%，机械收割损失率为 3%）。在餐饮环节，推进制作标准化及规范化管理等。第三，着眼收获、储藏、流通、加工、餐饮多环节，五管齐下，全方位切入，从制度上约束。宣传引导、科技创新、制度约束全面推进，环环相扣，循序渐进减少粮食损耗，制止浪费，把习近平总书记的重要批示精神全面落到实处。

七是明确粮食安全保障责任，压实粮食安全省（市）长负责制。

分清中央和地方的粮食安全保障责任，不把粮食安全保障责任全压在中央。分清主产区粮食供给和销区消费补偿责任，不把粮食安全责任全压在主产区，销区不能无限度、无底线依赖主产区，也要千方百计增加粮食产出能力；产出能力满足不了需求的，可考虑按照调入量对主产区进行资金补偿。我国有党管农村工作的好传统。县级党委、政府抓乡村振兴特别是粮食生产，是重中之重、首要之责。努力形成中央和地方、主产区和销区、政府和农民合力共保粮食安全格局。

早在新中国成立前夕，国外就有人预言，中国解决不了人民的吃饭问题，历史已宣告这个预言彻底破产。进入新时代，中国人民也一定有能力推进粮食产业高质量发展，从吃饱向吃好、吃放心转变，不仅解决自己的粮食安全问题，也为世界粮食安全作出贡献！要做到这一点，必须任何时候都不放松粮食生产。

（作者为十三届全国人大常委会委员、
全国人大农业与农村委员会副主任委员）

突出扶持重点　增强新型
农业经营主体发展带动能力

陈晓华

　　产业振兴是乡村振兴的首要任务，加快培育从事农业生产和服务的新型农业经营主体，对于实现产业振兴和农业农村现代化具有重要意义。党的十八大以来，中央高度重视新型农业经营主体发展。习近平总书记强调，发展多种形式的适度规模经营，培育新型农业经营主体，是建设现代农业的前进方向和必由之路。"十三五"时期，中央专门下发了《关于加快构建政策体系培育新型农业经营主体的意见》。在各方面的大力扶持下，新型农业经营主体发展进入了快车道。据不完全统计，目前各类经营主体达 300 多万家，其中农民合作社有 200 多万家，农业服务组织近 90 万家，国家级产业化龙头企业近 10 万家。新型经营主体日益成为现代农业发展的主导力量。实践证明，在我们人多地少、小农占绝大多数的条件下，加快培育新型农业经营主体，形成以农户家庭经营为基础、联合和合作为纽带、社会化服务为支撑的立体式复合型现代农业经营体系，有利于保障农产品有效供给，推进农业供给侧结构性改革，带动农民就业增收，增强农业农村发展新动能。

从调查来看，近些年各类新型农业经营主体发展很快，数量增加很多，平均每个村已多达6—7个，但总体发展质量还不高，作用还没有完全发挥出来。有的是名不副实，空壳社仍不少见；有的实力不强，难以经受自然和市场风险；有的与农户联结不紧，缺乏应有的带动能力；还有的运行机制不健全，缺少懂技术、会管理、善经营的人才。因此，加强扶持引导，不断提升新型农业经营主体的发展和带动能力，提高发展质量，是"十四五"期间乡村振兴的一项重要任务。

从一些地方的经验来看，增强新型农业经营主体的发展和带动能力，既需要加大扶持力度，更要突出扶持重点，在完善扶持方式、提高扶持效能上下功夫，分类施策，精准发力。在当前，应从经济增速放缓、财政收支压力增大的现实出发，争取增量、用好存量，真正把好钢用在刀刃上；应从构建现代农业生产体系、经营体系、产业体系的目标要求出发，着力打通产业链堵点难点，更好地支撑产业循环；应从农业各行业各产品的特征特性出发，发挥好各类经营主体的自身优势，加快形成各具特色、多种形式的农业规模经营路径方式。总之，要通过改革创新，充分发挥扶持资金和政策工具的引导作用，抓住关键环节，补齐短板弱项，推动新型农业经营主体走上高质量发展的轨道。

在"十四五"时期，建议针对不同农业产业、不同经营主体、不同生产环节，重点采取以下扶持措施：

第一，重点扶持"粮棉油"生产性服务组织，提高为农户服务的能力。"粮棉油"大田生产的规模化，一直是农业规模化经营的难点和重点。实践证明，在土地家庭承包的基础上，通过有效的社会化服务，可以实现连片种植、降低成本的规模效应，走出一条中国特色的农业规模经营道路。据统计，目前全国农业生产托管服务总面积已达15.1亿亩次，其中粮食托管服务面积占57.2%，深受农民欢迎。因此，应在现有农机服务、植保服务、供销服务的基础上，扶持引导各类专业服务组织向农业生产综合服务方向发展，支持服务组织根据农民意愿广泛开展单项、多项或全程托管的服务。可以考虑扩大农机以旧换新补贴的范围和品种，加快淘汰高耗能农机，更新农机装备。可以实行作业补贴制度，对深松深翻、秸秆还田、秸秆打捆回收等作业，通过互联网大数据，根据作业面积直接补到机手，推动农业绿色发展。可以采取以奖代补的方式，支持服务组织发展粮食烘干、代储等设施，尽力减少粮农损耗，为国家粮食安全提供有力支撑。

第二，重点扶持"果蔬茶"农民合作社，提高农产品的营销能力。"果蔬茶"供应链不畅，产品买难卖难一直困扰着果农、茶农和菜农。采取"农户＋合作社"的生产经营模式，可以有效缓解因农民单打独斗打造品牌难、产品营销难等问题。近些年，随着产业扶贫工作的开展，"果蔬茶"特色产业和专业合作社发展很快，仅蔬菜合作社全国就有近20万家，帮助"果蔬茶"合作社尽快提高产品营销能力，对巩固脱贫成果至关重要。因此，应在政府各类农村冷链物流、产地初加工建设项目中，优先安排"果蔬茶"农民合作社项目建设，扩大投资规模和范围，提高建设补助标准，力争在几年内使每个生产基地、每个农民合作社都具有产品清洗、分级、包装、预冷、转运的能力。同时，支持农民合作社通过电商平台等开展线上线下的营销，对受消费者欢迎的品牌，鼓励地方政府给予奖励，努力为社会提供更多绿色优质的"菜篮子"产品。

第三，重点扶持"畜禽水产"龙头企业，提高规模化养殖能力。养殖业产业链条长、自然和市场风险大，靠一家一户生产难以适应市场需要，因此依托龙头企业走规模化、标准化的路子是必然选择。目前，养殖及加工龙头企业已占到各类农业龙头企业的 27.6%，向市场提供的养殖产品超过了 60%，显示了龙头企业独特的优势和作用。但从调查的情况看，一些企业重加工、轻养殖的问题仍然存在，引导"畜禽水产"龙头企业下决心建设好原料基地，尽快提高规模化、标准化养殖水平，构建较为完整的现代产业体系应成为政策扶持的重点。可以制定专项行动计划，大力支持龙头企业与村社、农户合作。运用信贷保险工具，通过政府贷款贴息和保费补贴，企业承贷或担保，在符合环保和防疫要求的条件下，规划建设养殖小区和养殖基地。农户出劳动饲养保底分红，企业提供统一供种、统一供料、统一防疫、统一技术指导、统一产品回收等服务，农户、企业合作双赢，促进我国规模化养殖水平大大提升。

第四，重点扶持"乡村旅游"村，提高集体经济组织公共服务能力。乡村旅游以地域风光、民俗文化为支柱，是农村最具潜力的新产业。据统计，每年乡村旅游接待游客超过 10 亿人次，带动上千万农民就业增收，但仍与旺盛的需求存在差距。突出的问题是一些村基础设施落后，接待能力和条件较差。因此，应整合各方资源，制定统一规划，结合农村"村村通""厕所革命"和环境整治、电网通信设施改造等工程行动，在村党组织统一领导下，发挥村集体经济集体资产管理运营的功能作用，集中把"乡村旅游"重点村的公共基础设施改造提升一遍，拓宽进村公路和村内道路，建好停车场和公共厕所，改善用电通信条件，完成生活垃圾和水体整治，打造美丽乡村升级版，示范带动乡村振兴。

（作者为全国政协农业和农村委员会副主任）

关于种业及农作物品种结构
改革创新的思考

尹成杰

习近平总书记在科学家座谈会上指出："农业方面，很多种子大量依赖国外，农产品种植和加工技术相对落后。"这一重要指示，既指明了加快育种科技进步的极端重要性、紧迫性，又指出了影响我国农业产业安全和粮食安全的软肋。种子是现代农业发展的基础生产力。农作物品种是现代农业发展的重要基础。在推进农业供给侧结构性改革、加快农业转型升级中，应进一步推进现代种业创新发展和农作物品种结构改革，研发培育农业新品种，发现名优特品种，发展名优特产品与产业，提高我国现代农业的基础发展力、持续创新力和综合竞争力。

一、要深化农业供给侧源头改革创新

种子和农作物品种是农业供给侧的源头，是农业综合生产能力的供给源，是确保国家粮食安全和重要农产品有效供给的动力源。因此，推进农业供给侧结构性改革，实施乡村振兴战略，加快建设现代农业，要把研发、培育、开发新品种摆在重要位置。

一是谁掌握了现代种业和农作物新品种，谁就掌握了粮食安全和重要农产品的主动权。没有种子和农作物品种资源，农业供给侧就成为无源之水、无本之木。正因为我们有了三大主粮品种，我国现阶段的粮食安全才有坚实的基础。

二是加快现代种业发展，加快研发培育适合我国种植业和养殖业转型升级的种子，才能不断提高国家粮食安全供给的可持续发展能力。

三是种子和农作物品种是中国人饭碗里的芯片。加快现代种业发展，才能把饭碗牢牢端在自己手中。要防止美国等国家在打压和破坏我国发展中，由限制高科技和粮食出口向限制种子出口扩展。没有自己的种子和农作物品种，就可能受制于人，失去粮食安全的主动权。

近些年来，我国的农业供给侧结构性改革取得积极进展，但是培育研发新品种和培育推广新作物种植还是薄弱环节。建议在"十四五"时期，把育种技术创新、发展现代种业和培育推广新作物种植作为现代农业建设的重要任务，摆在重要位置。

二、以育种科技创新推进现代种业高质量发展

粮食安全是治国理政的头等大事。农产品有效供给是长期的战略任务。创新现代育种技术，发展现代种业，是国家粮食安全的第一保障力、第一持续力。研发培育新品种，创新育种

技术和农作物种植，是"藏粮于技"的基础和核心。因此，建议"十四五"时期从粮食安全和农业产业安全战略的高度，规划现代种业创新发展。

当前，我国现代育种技术创新处于现代农业技术发展的核心地位，处于乡村振兴和实现农业现代化建设目标的关键时期。我国现代育种技术薄弱和落后的局面亟待改变。据调查，我国蔬菜种子对外依存度畸高。部分玉米种子套牌繁育，虽然目前保障了需求，但我们并不掌握核心技术，而大部分利润又被国外拿走。据江苏一家蔬菜生产企业反映，2019 年进口种子达 1.5 亿元。一粒从荷兰进口的黄瓜种子 0.56 元，一粒从以色列进口的西红柿种子 1.5 元，一粒进口的西蓝花种子 0.6 元。一旦蔬菜种子进口受到地缘政治影响而断供，蔬菜企业将面临困境。加快我国现代种业发展，对于防范农产品供给风险具有极端的重要性和紧迫性。为此，提出以下建议：

一是抓紧制定新种子安全方针，并与新粮食安全方针配套实施。要进一步明确我国种子安全的战略定位、基本原则、管理体系、风险防控和政策保障。

二是加快种子科技进步、应用现代育种技术攻关。加快培育有自主知识产权、优质高效、抗逆性强的种子。将国家级育种中心建设纳为"十四五"时期新基建的重要内容，提高我国应用现代生物技术育种能力。

三是制定"十四五"时期我国种业发展规划。应立足当前，着眼长远；自主创新，绝对安全；科技攻关，突破瓶颈；适度引进，消化吸收；强化管理，提高质量。

四是加快建设现代育种基地。把海南、甘肃、山东等相关育种基地建设作为我国粮食安全的战略基础工程。特别是重点抓好海南种子繁育基地建设，搞好规划，加强管理，强化功能。

三、发挥农作物种质资源优势，缓解农产品供给突出短板

习近平总书记强调，"科技进步、创新要坚持问题导向和需求导向"。当前，我国农产品供给中的食用油、蛋白饲料明显短缺，是突出短板。建议筛选具有现实需求性、长远持续性的农作物品种推广种植，缓解农产品供给中的突出短板。

一是高度重视大豆、油脂和豆粕饲料等品种对外依存度居高不下问题。2019年我国大豆进口量达到8500多万吨、植物油900多万吨、豆粕0.95万吨。通过对我国现有农作物品种进行筛选，发现既不与种粮争地，又能生产与大豆产量及品质相当的油料作物品种并予以推广种植，应该成为一种路径选择。这是农业现代化进程中亟待解决的重大现实问题。这不仅事关食用油供给安全乃至粮食安全，还事关养殖业恢复和稳定健康发展问题。不然，无法缓解大量进口的压力，无法缓解扩种大豆与种粮争地的矛盾。

二是充分发挥我国农作物品种资源优势。我国是世界农业大国，又是世界上农业物种最多的国家。据有关资料，我国有700多种农作物，常用生产的有300多种。有中草药8000多种，

常用的700多种，粮食作物品种60多种，蔬菜作物品种240多种，水果品种150多种，家养动物品种550多种。应该看到，我国有丰富的农产品物种资源，有宝贵的特色农产品物种，推进种子科技进步与农作物种植应用创新有坚实的物种基础。要大力挖掘和发现能够解决紧缺品种供给的种质资源，加快培育、推广和应用，促进优势品种产业化、规模化、商业化发展。

四、一项中国农民的伟大发现与创新

中华民族几千年的生存史和发展繁荣史，与中国农民世世代代寻找发现种子及农作物分不开，与中国农民发现培育种植能够满足人类和社会发展需求的农作物分不开。这种对种子和农作物的寻找、发现、驯化、培育过程，是认识创新、理念创新、技术创新、应用创新的过程。

新品种培育发明以及对农作物新功能、新作用的发现及应用，堪称是伟大的发现与创新。近些年来，湖北省随州市广大农民进行了一场解决食用油和饲料供给短板的伟大探索和创新，那就是推广草本植物油莎豆种植及深加工。油莎豆全身都是宝，含油率高、适口好吃，产量高，叶径1.5米左右，是优质油料和饲料。油莎豆种植好莳弄，耐干旱，很少有病虫灾。目前，随州市已经开展了近15年的油莎豆种植和加工，开发出食用油、淀粉、食品等多种产品。经有关机构检测，油莎豆亩产500公斤左右，比大豆产量还高。亩产油量120公斤，是大豆的4倍、油菜籽的2倍。脂肪含量20%—30%，淀粉含量25%—30%，出油率 33%—39%，油质可以和橄榄油相媲美，油酸、亚油酸、亚麻酸含量分别达到 64%、15%、2.36%。油莎豆亩产饲草 500公斤，可获得相近面积产量的饲料玉米能量。随州基层干部和农民们认为，开展油莎豆大规模种植与深加工，对解决我国食用油和饲料短缺问题将发挥重要作用。

开展油莎豆种植和加工，优势比较明显。一是有利于从根本上解决食用油和饲料供给突出短板问题。二是不与种粮争地。沙地、荒地、坡地、地边、地脚都可种植。我国有 15 亿亩边际性土地，种植潜力巨大。三是有利于发展乡村产业，推进乡村振兴。四是种植效益提高，增加农民收入。五是防止水土流失，保护生态环境。

一粒种子、一种作物可以改变一个产业、一个供应格局、一个民族、一个国家的命运。从随州种植实践和其他地区种植情况看，开展油莎豆种植和加工将是我国农业供给侧结构的重大改革，将给我国食用油供给侧结构带来颠覆性的变革，将改变我国长期依赖大豆进口的历史。

然而，一粒种子的研发培育，一种农作物品种的寻找、发现、种植和推广应用，从来不是一帆风顺的，一些科学家、专家、农民、企业家是要付出巨大代价的。随州企业家王焕生曾经经营汽车修理，是随州首富。他致富以后，和乡亲们一起种植加工油莎豆。既搞种植，又开展加工，还搞收获机械研发，投入巨大，目前还处在艰难爬坡阶段。企业家杨一认为油莎豆利国利民，困难再大也要坚持下去，他们一起合作，又开始新的规划和发展。看来，一项创新是要拼搏付出代价的，是需要社会和国家给予支持的。因此建议，一是明确油莎豆作物的定位，应将其界定为我国具有特色和发展潜力的草本油料作物。二是把发展油莎豆种植及其产业，纳入"十四五"农业农村发展规划。三是制定国家油莎豆种植及产业发展规划。四是抓紧制定油莎豆食用油及产业发展标准。五是制定油莎豆种植及产业扶持政策，比照木本油料、茶油、油用牡丹的财政补贴标准，把油莎豆纳入补贴范围。

（作者为国务院参事室特约研究员，原农业部常务副部长）

小农生产与农业现代化

杜 鹰

党中央明确提出，到 2035 年乡村振兴要取得决定性进展，基本实现农业和农村现代化。我想就如何在中国特殊的国情、农情条件下实现农业现代化，讲一些个人看法。

杜老过去说过，"四个现代化"最难的就是农业现代化。什么是农业现代化？学界有不同的理解，实践中世界各国也有不同的做法，但我认为农业现代化一些基本的构成要素是确定的。一是农业现代化一定要有现代的物质技术来装备，使得农业综合生产能力不断提高。二是在经营上要有一定的规模和相应的经营主体，就是经济学上讲的规模经营。这个道理在农业上是成立的。三是在产前、产中、产后要有一整套服务体系，这个服务体系本质上是社会分工的发展。任何一个强大的现代农业，必定伴随着一个非常完善的服务体系，包括政府对农业的支持保护政策体系。四是要不断提高农业劳动生产率，使农业劳动生产率不断接近非农产业的劳动生产率。这是一个非常重要的定律，衡量农业现代化程度最终是看这个指标。

一、中国实现农业现代化的现实约束

与发达国家特别是新大陆国家相比，中国农业实现现代化有两个明显约束。第一个约束是在供给侧。中国农户是典型的东亚小农户类型，特点有四个。第一是小规模。我国目前有 2.2 亿农户，户均经营规模只有半公顷，加上土地流转也不过 0.7 公顷。美国有 210 万个家庭农场，平均经营规模是 170 公顷，是我国的 240 倍；欧盟中有 15 个国家的家庭农场平均规模是 18 公顷，是我国的 25 倍。第二是半自给。我国农户的商品率在不断提升，但相当部分的农户不是为卖而生产，而是在满足自家消费以后，把剩余的农产品卖给市场，所以带有半自给半商品的性质。第三是兼业化。我国农户普遍兼业，而且纯农户、一兼农户的比例不断下降，二兼农户的比例以及非纯农户的比例明显上升。截至 2019 年，中国农户平均来自农业的收入已经下降到只占总收入的 36%。第四是非法人化。发达国家的农场主大多具有法人资格，而我国的农户大多是自然人，因此市场信用度不高。与此同时，中国的小农也有长处和优势。一是精耕细作，没有其他任何一个国家的农民能像中国农民那样把资源综合利用到极致；二是兼业化也有一定好处，就是可以使年度之间的收入比较稳定。

第二个约束是我国的资源禀赋——"人多地少水更少"。我国用全球 9% 的耕地、6% 的淡水资源，生产了全球 1/4 的粮食，养活了全球 1/5 的人口。这样一个国情决定了中国更适合生产劳动密集型、技术密集型产品，而生产土地密集型的农产品不具有比较优势。这对中国农业到底选择什么样的产出结构，有着决定性影响。

从农业现代化角度看，小规模分散经营的小农生产结构不利于引进新技术、农业机械等现代生产要素，不利于农业生产的标准化、市场化，也阻碍了劳动生产率的提高。尤其值得注意的是，随着工业化和城镇化速度加快，中国农产品的成本在不断上升，已经进入了高成本阶段。21世纪以来，农产品的成本上升速度明显加快。以三种粮食为例，2005—2015年我国三种粮食的亩均成本从425元上升到1090元，增加了1.56倍，年均增幅高达9.9%，将近两位数。三种粮食的成本分三大块：物质与服务成本、土地成本、人工成本，其中人工成本和土地成本在成本结构里上升更快，年均增长分别达到11.4%和13.4%。就人工成本而言，2015年我国三种粮食生产每亩的用工量是5.6个工日，工价是79.7元，每亩用工成本已经达到446.3元。而美国是机械化大规模生产，平均工价是849元，是我们的10倍多，但是美国每亩的用工量仅0.38个工时。虽然工价是我国的10倍，但每亩的用工成本只有40.3元，仅为我国的9%。这是中国从2004年以后从农产品净出口国转为净进口国、农产品竞争力下降的一个根本原因。成本上涨太快，和我们前边讲到的供给侧和资源禀赋两个约束有着直接的关系。

二、中国农业领域的重要阶段性变化

另外，这些年我国农业领域出现了许多重要的阶段性变化，从积极的方面昭示着中国农业现代化的可能前景，值得我们密切关注。

第一，农业物质基础和装备条件显著改善。刚才韩俊同志讲到，我国总体上已经进入到了以工补农、以城带乡的阶段，国家加大对"三农"的投入。2004 年国家财政用于农业支出 2358 多亿元，到 2019 年农林水支出增长到 21086 亿元。其中中央财政的农业"四补贴"（现在已合并，我是用这个口径算的），从 2004 年的 146 亿元增长到去年的 2374 亿元，投入明显增加。先后组织实施了新增千亿斤粮食生产能力、高标准农田、水库除险加固、动物疫情防控二期工程等全国性重大农业工程。因此，2004—2019 年，我国农作物受灾面积下降 48.1%，农作物成灾面积下降 51.2%，真是不得了。这十几年中国粮食生产相当稳定，当然有最低收购价的政策支持，但是基础设施的完善是一个十分重要的原因。20 世纪 80 年代到 90 年代，中国粮食年度间的产量规律是"两增一减一平"，现在这个规律被打破了，最近 15 年只有两年减产，而且减产幅度不超过 1%，这与农业基础设施加强有非常直接的关系。农业科技进步贡献率从 45% 提高到 59.2%，有效灌溉面积从 8.2 亿亩提高到 10.1 亿亩，农作物的综合机械化率从 34.3% 提高到 70%。农业基础条件的改善大大提高了农户经营的边际效益。

第二，农业产业结构性变革深入推进。在农业结构性矛盾倒逼和消费需求升级的拉动下，我国农业正在经历一场新的变革。从横向看，这些年我到各地去跑去看，中国农业结构调整范围之广、力度之大、内容之深刻前所未有。在整个农业结构中，多种经营所占的比重在稳步提高，使不同地区农业的比较优势得到发挥，使资源要素配置效率得到进一步提高。从纵向看，过去叫农业产业化经营，现在叫农村一二三产融合发展，就是把农业的产业链条拉长了，把农业的多功能性开发出来了，使得农业整体效益在原来的基础上有了质的改善，而且为农业注入了新要素、新技术、新业态、新功能。这些变化对从宏观上提升农业效益有着积极意义。

第三，新兴经营主体大量涌现。截至 2019 年底，全国承包耕地流转面积 5.3 亿亩，差不多是 2004 年的 10 倍，承包地的流转率现在是 36%。我前两天去湖南，湖南有的地区土地流转率已经高达 50%—60% 了。全国各类新型经营主体总计 300 多万户，其中家庭农场 79 万户，平均经营规模 187 亩；农民合作社 220 多万家，带动了近一半的农户；县级以上农业产业化龙头企业 9 万多家，带动了 1.2 亿多农户，还培养了 1700 多万职业农民。我们到各地调研看到，不仅家庭农场的经济效益明显好于一般农户，而且围绕着家庭农场还出现了许多新的社会化服务组织。比如在大田作物上，江苏省泰州市建立的家庭农场服务联盟，为家庭农场提供"1+6"服务；湖南省益阳市赫山区推广"十代十化"水稻生产社会化服务，覆盖了全区 3/4 的水稻种植面积。在经济作物上，四川省的浦江县建立覆盖全县的柑橘、猕猴桃、茶叶基地，提供经营管理服务的都是民营公司，而且都是收费服务，说明这个经营主体的效益还是不错的。截至 2019 年底，全国共有 36.9 万家社会化服务组织为农民提供托管半托管生产性服务，服务农户总户数将近 5000 万户。这说明只要经营主体的经济效益上去了，就可以推动市场化社会化分工的发展，这正是农业现代化的一个重要前提。

第四，农业与非农产业劳动生产率的比值明显缩小。农村改革 40 年来，我国农业劳动生产率与非农产业的劳动生产率比值变化明显分为两个阶段：第一个阶段是 1978 年到 2003 年，这 26 年间两大部门的劳动生产率比值先缩小后扩大，总体维持在 6 倍左右。最高的是 2003 年，非农产业劳动生产率是农业的 6.85 倍。梯莫尔拐点出现在 2004 年。2004 年到 2019 年的 16 年间，两者比值呈现持续性缩小的态势，从 6.85 倍下降到去年的 4.38 倍，缩小了 36.1%，说明我们已经进入了农业劳动生产率加速提升的新阶段。分析起来，这主要得益于农业劳动力的加快转移、适度规模经营和机械化的加快发展。

中国农业发展的重要变化还不止于此，但就是这些变化，已经为我们认识和把握中国特色农业现代化提供了许多非常有用的信息。

三、如何推进中国特色农业现代化

中国推进农业现代化，要从自己的国情、农情出发，其要点和策略主要是：

第一，正确处理粮食安全与发挥比较优势的关系。在中国，尽管发展大田作物不具比较优势，但从战略全局和长远考虑，中国必须坚持立足国内、以我为主的方针，把饭碗牢牢端在自己手上，饭碗里主要装中国粮。在这一点上，中国不能学日本和韩国，这两个国家大幅度降低谷物的自给率。同时，也不能片面地强调比较优势。另外，要全面准确地理解粮食安全。粮食安全的根基是能力安全，核心是口粮安全，本质是食物安全。确保国家粮食安全并不是要全部自给，应该更主动、自觉地利用国际国内两个市场、两种资源。只要有了这样一个认识，就可以更好地发挥中国农业的比较优势，统筹安排好国内的生产结构和生产力布局。

第二，坚持走分区分类突破的农业现代化道路。从国际上看，迄今为止比较成功的农业现代化模式大体有两种：一种是以新大陆国家为代表的大规模土地经营加机械化的发展模式，好处是可以比较快地提高劳动生产率；另一种是以以色列、荷兰等为代表的劳动加技术密集型的现代化道路，好处是可以比较好地提高土地生产率。我国人多地少，按照速水、拉坦（速水是日本经济学家，拉坦是美国经济学家）提出的诱致性制度变迁理论，中国农业现代化总体上更适合走后一种技术路线。但同时也要看到，中国的地域差别极大，比较优势各不相同，因此不同地区的农业现代化可能会走不同的技术路线。比如，以大田作物为主的地区，第一种类型的特点就会更大一些，而以经济作物为主的地区，劳动加技术要素所占的比重就会更多一些。因此，要坚持分类分区突破，不搞一刀切。中国东北和西南，可能将来完全是两种类型的农业现代化。刚才听王省长讲，山西农业要发挥"特""优"的特点，贵州也是这个特点，"十里不同天"，但是农作物非常丰富，而且是绿色有机的，就要走"名、特、优、小、精"这个路。这也是很好的，类似以色列、荷兰的方式。

第三，要积极稳妥发展多种形式的适度规模经营，并大力培育新的主体。从数据上分析，我国农业从业人员的比重目前是25%。我认为，到2035年，第一产业从业人员可以下降到10%—15%，那样留在耕地上的农户经营规模还有望进一步扩大。但即便如此，终归还是东亚小农户类型。如何推进规模经营？一是要突出重点，从我国区域差别大的实际情况出发，对应不同地区的作物布局，重点发展粮食生产的土地规模经营，让该大的大起来。因为粮食是土地密集型产业。二是主动引导和利用农户分化的趋势。农户分化未见得是坏事。过去杜老就讲，"让土地向种田能手集中，让工副业向能工巧匠集中"，就是引导农户分化，分化了才有专业化，才有社会化。现在我们要做什么事？就是在分化的过程中，要建立以农耕者为中心的土地流转制度。现在的土地流转制度里，有些并不是以农耕者为中心的。同时，把培育核心农户和职业农民的工作抓好。三是发展家庭农场要配套发展社会化和专业化的服务体系。四是要提高农民的组织化程度。

第四，进一步优化农业技术体系。这涉及一个选择，就是在农业高质量发展阶段，不能说增产技术就不重要了。现在到底是以提高劳动生产率的技术为主，还是以增产技术为主，这是存在一些争论的。我觉得采取增产技术与节能增效技术并重的方针，是比较适宜的。因为中国的土地要素太稀缺，提高最稀缺要素的生产率，永远是技术进步的关键所在。比如，1978年我国农作物的种植结构，粮食作物占八成，经济作物占两成，而现在粮食作物占七成，粮经比从原来的8 ：2调整为现在的7 ：3。这些年中国粮食的播种面积比1978年减少了近7000万亩，但产量却是1978年的2.4倍，靠的就是增产技术。没有增产技术做基础，农业结构不可能调整，就不能腾出更多的地去发展高附加值作物。所以，要把这两种技术路线处理好。

第五，进一步完善农业支持保护体系。发挥市场机制作用与加强对农业的支持保护并不矛盾。1992年，中央提出中国经济体制改革目标是建立社会主义市场经济体制。有一天我去问杜老，说把市场机制引入农业，又说政府要加强对农业的支持保护，两者到底矛盾不矛盾？杜老给我解释，他说并不矛盾，因为农业是个"矮子"，工业是个"长子"（"长子"就是个子比较高），对农业的支持保护就是政府在农业这个"矮子"脚底下垫块砖，垫块砖以后就更容易进入市场，目的还是要让农业进入市场，所以两者不矛盾。我到现在都认为杜老说的话在理。我们搞农业的同志，不能因为对农业要加强支持保护就拒绝市场经济，或者一味地光靠市场不要政府支持保护，这两个倾向都不对。我们 2014 年以后改革重要农产品价格形成机制，目的就是更多地引入市场机制。下一步，一是要加大对农业的投入。刚才韩俊副部长讲了，加大中央和地方政府对农业的投入，目的是提高农户生产的边际效应。只有把基本农田的设施都搞好，农户每一份投资的产出才会比原来更好。二是要实行更精准的差别化补贴政策。现在补贴数量不少，但是不够精准，对粮食生产的激励作用有所弱化，这个问题要解决。三是要把财政政策和金融政策结合起来，撬动更多的资金投向农业。完全靠财政，金融借不上劲儿，始终是中国农业投入的一大短板。

总之，推进中国特色农业现代化，既要谋求适度规模经营，又要坚持分区分类突破战略；既要提高土地生产率，又要更加重视提高劳动生产率，提高全要素生产率。中国农业现代化不能照抄照搬美国等先行国家的模式，要从我们的国情出发，扬长避短，发挥好自己的比较优势，走我们自己的路。

（作者为国家发展和改革委员会原党组成员、副主任）

农业企业和广大农户携手同行
共同推进我国农业现代化进程
——对我国农业企业发展的几点思考与建议

刘身利

今天，很高兴作为中国农业产业化龙头企业的代表，与部分会员企业来参加由农业农村部农村经济研究中心、山西省农业农村厅、晋中市委市人民政府共同主办的 2020 年中国乡村振兴（太谷）论坛。感谢主办单位为我们提供了一个相互学习、相互了解、充分交流的高端平台。特别是我们协会和我们会员企业都是第一次参加这次盛会，倍感荣幸。

2020 年是打赢脱贫攻坚战、实现全面小康的收官之年，也是谋划"十四五"、深入实施乡村振兴战略的关键之年。近期，习近平总书记又提出并多次强调要构建"以国内大循环为主体、国内国际双循环相互促进的新发展格局"，这是党中央根据我国发展阶段、环境、条件变化做出的战略决策，是事关全局的系统性深层次变革。我们要适应这一新的变化，开创"三农"改革发展新局面。今天，主办方在中国农村改革重大决策参与者和政策实践指导者杜润生同志的故乡——晋中太谷阳邑，举办"中国乡村振兴（太谷）论坛"，意义重大。根据会议安排，我也借这个机会向大家汇报交流一下对我国农业企业发展的一些思考。

党中央、国务院高度重视农业产业化和农业企业发展。习近平总书记指出，产业兴旺是解决农村一切问题的前提，要推动乡村产业振兴，紧紧围绕发展现代农业，围绕农村一二三产业融合发展，构建乡村产业体系。中央 2020 年一号文件明确强调"要培育农业产业化龙头企业和联合体"。近日，胡春华副总理又在黑龙江召开大型龙头企业座谈会，明确要求要更好发挥大型龙头企业对发展现代农业的引领带动作用。从国家到各级地方政府都出台了一系列政策来支持农业产业化和农业企业发展。实践充分证明，这是完全正确、非常及时和非常必要的。这是基于我国基本国情农情做出的战略举措，也是着眼于实现中华民族伟大复兴的战略全局和推进乡村振兴与农业农村现代化的时代要求做出的制度安排。各级党委政府对发展农业产业化高度重视，我国农业企业在改革中异军突起，快速发展。目前，全国农业龙头企业数量已近 10 万家，生产经营规模也在不断扩大，农产品加工业年度营业收入已超过 22 万亿元。农业企业作为现代农业经营体系中的骨干力量，在乡村振兴和现代农业发展中发挥了重要作用。主要体现在以下几个方面：

一是带动了农户增收、农民就业和贫困人口脱贫。据调查，近 2 万家省级以上农业龙头企业带动农民合作社数量超过 23 万家，辐射带动农户 1.27 亿户；农业企业提供大量就业岗位，超过 70% 是吸纳当地农民就业，年度规模近 8000 万人；农业龙头企业通过订单收购、利润返还、股权分红等形式，带动小农户与大市场有效衔接，让农民更多分享产业链增值收益；广大农业企业积极参加产业扶贫，近几年超过 1.4 万家农业产业化龙头企业先后在 832 个国家扶贫工作重点县扎根创业兴业，与贫困户深度合作，建立利益共同体，为完成脱贫攻坚硬任务、巩固脱贫成果、防止返贫发挥着重要作用。如贵州威宁是我国贫困地区的深度贫困县，农户种植的马铃薯品种差、产量低，农民收入少。前几年一家农业企业入驻后，在当地建立了马铃薯培育中心，辐射带动毕节市 500 多万亩马铃薯生产，单产由 1 吨提高到 2 吨以上，仅威宁县 160 万亩马铃薯，每亩就增收 1400 元，产量和效益翻番，大大加快了当地农户脱贫步伐。

二是在保障市场农产品供给方面发挥了重要作用。以龙头企业为引领的各类农业产业化组织，发挥自身优势，密切与农户合作，辐射带动种植业面积约占全国的 60%，畜禽饲养量约占 70%，养殖水面约占 80%。据统计，龙头企业供给的农产品，粮油类约占市场 1/3，"菜篮子"类约占 2/3。特别是在今年（2020 年）应对新冠肺炎疫情的关键时刻，农业龙头企业快速反应，一方面为抗击疫情爱心驰援捐资捐物，一方面积极组织生产加工农产品，保障特殊时期的市场供应，为重灾区雪中送炭，对实现"六稳六保"发挥了积极作用。

三是积极履行企业社会责任，在投建农村基础设施方面做出了重要的贡献。据 2016 年不完全统计，以农业龙头企业为主的新型农业经营主体投入农村公共基础设施的资金占我国财政用于农村公用事业支出的 18% 以上，对改善农村的生活环境、生产条件发挥了重要作用。

广大农业企业在带动农民振兴乡村的过程中，自身实力也得到了较大提升。近日，由农业农村部指导，我协会牵头组织评选并刚刚发布的 2019 年全国农产品加工业 100 强企业，总资产额 100 亿元以上的有 43 家，销售收入百亿元以上的有 31 家，利润总额 20 亿元以上的有 13 家；员工总人数 153 万人，合计纳税 674 亿元；研发投入总额 166 亿元，省级以上研发中心 257 个；农产品采购额共计 9474 亿元，绝大部分百强企业在当地农业产业化联合体中发挥了引领作用。

从以上情况可以看出，伴随着我国一二三产业融合深入发展和乡村振兴向纵深推进，农业产业体系越来越重要。而农业企业作为我国现代农业经营体系的骨干力量，也不断转型升级，在自身发展壮大的同时，与其他经营主体合作，开创新业态、新模式，拓展延伸产业链、提升价值链、丰富供应链，成为推动农村一二三产融合发展和乡村产业升级的中坚力量，在新时期我国农业产业发展和乡村振兴中的作用更加不可替代。从 2021 年开始，我国将进入"十四五"时期，这是在全面建成小康社会基础上开启全面建设社会主义现代化国家新征程的第一个五年，意义十分重大。要实现我国的农业农村现代化，由农业大国转变为农业强国，我们必须拥有一大批强大的农业企业，对内带动广大农户提升发展水平，对外提升我国农业的国际竞争力。农民富、企业强，则中国农业强。建议国家把加快培育壮大我国农业企业列入国家规划，加大支持力度。下面我提四点建议：

一、深化对农业企业地位认识，加大对农业企业发展的支持力度

农业企业在农业产业发展、乡村振兴和农业农村现代化建设中发挥了重要的引领作用，这是不争的事实。但前一时期，有些地方对农业企业的发展有些不同的认识，质疑企业发展会不会挤占农民利益、影响农民发展空间，等等。这种看法与实际情况是不符的。

大家知道，在改革开放初期，我国实行家庭联产承包责任制，农户成为农业经营主体，这是历史发展阶段的必然选择。随着农业农村改革的不断深入，农业企业应运而生，蓬勃发展。到今天，我国农业经营体系的主体已由农户为主逐步发展成为农户＋家庭农场＋合作社＋农业企业和农业产业化联合体的多元主体格局，农业经营形式也由以家庭经营为主发展为家庭经营、集体经营、合作经营、企业经营的经营格局，这是社会主义市场经济发展的必然结果，也是农业农村发展的客观需要。从我国农村现在的总体情况看，多元经营格局积极作用明显，不同主体间分工合作、利益联结，已经形成了相互依存、相互融合、相互促进的关系，而不是相互排斥、相互否定、此消彼长的。农业企业离开了广大农户，就是无源之水无本之木；

广大农户如果没有农业企业的带动，也很难进入大市场，取得更大发展。农业产业化龙头企业相对规模较大、资本实力较强，在筹集资本、对外融资、市场开拓、经营管理、品牌建设、人才配置方面具有特有优势，能够办一些一家一户做不了、做不好、做了不划算的事情。而广大农户、家庭农场、农业合作社等植根于农村，拥有特定的土地使用权和承包权，有丰富的种植养殖经验，有相对富集的劳动力资源。这两种优势，在产业融合的大趋势下互补结合，可以使优势聚集发挥倍增效应，使农村生产力得到更大的释放，使农业产业发展效益最大化，不同主体在合作当中共同分享产业红利。这在农村也已经是普遍的事实。如重庆德庄实业集团有限公司作为辣椒专业加工企业，立足当地农村，潜心聚焦辣椒产业，与广大农户合作，通过订单带动农户扩大生产，产品营销网点达 6 万多家，400 余种产品销往全国各地及 16 个国家和地区，带动重庆石柱县等地 5000 贫困户脱贫，不但从根本上解决了过去农户辣椒卖难问题，而且在国际市场打开了销路，拉动了地方经济发展。同时，也成就了该企业（现已成为世界辣椒联盟亚太区主席单位）。如河北乾信牧业股份有限公司，是一家民营企业。8 年来扎根全国有名的深度贫困县——河北康保县，深耕家禽生态产业，13 个养殖基地带动全县 17000 个贫困家庭脱贫（占全县贫困户的 74%）。实践证明，哪个地方龙头企业发展得好，哪个地方的联合体稳固，三产融合成效就明显；哪个地方的龙头企业和其他经营主体联结得好、作用发挥得好，哪个地方的产业发展和产业扶贫就能持续、就有规模效益。所以，农业企业的大发展，不存在挤压农户发展、削减农民利益的情况，反而能够激活一片区域、壮大一个产业、带动一方农民。因此，我们要在思想上、理念上对农业龙头企业明确定位，要理直气壮地支持农业龙头企业。国务院 2012 年 10 号文件指出，"扶持农业产业化就是扶持农业、扶持龙头企业就是扶持农民"。实践证明这个方向是正确的。建议各地对农业企业的支持要坚定不移，支持力度只能加强，不能削弱，要加快扶持农业龙头企业发展，使之尽快成为带动农业产业发展的火车头。

二、尽快解决农业企业发展资本不足问题，为做大做强做优提供重要保障

总体来说，我国农业企业的发展是快速的，在农业现代化进程中发挥着重要作用。但我们必须清醒地看到，农业企业的整体实力同现代农业发展要求极不适应，农业企业规模小、实力弱的问题还比较突出，同国际同行业相比差距还很大。比如种子产业，2015 年我国种子公司有 4600 多家，总销售收入共计 790 多亿元人民币，而同期世界前两名的种子企业孟山都为 107.6 亿美元、杜邦为 80.7 亿美元。仅孟山都一家公司的年收入几乎相当于整个中国种子行业一年的销售额。我国在种子竞争力方面处于不利地位。农业企业发展不快，主要是企业资本实力弱小所致。我国 86% 的龙头企业是民营企业，大部分起步晚、底子薄、发展能力弱，绝大部分是白手起家、靠自我积累

慢慢发展起来的；即使是国有农业企业，也长期缺乏资本投入，实力较为薄弱。而且从事农业生产经营，不仅要面对经营风险，还要面对自然风险，承担自然灾害等带来的损失。农业企业因为资本弱小，又缺少政府资本投入的支持，普遍出现了高负债现象，负债率大多在80%—90%。高负债率问题，导致农业企业在争取银行资金、项目资金，进入资本市场募集资金方面遇到了诸多阻力，出现了银行贷款难、资本市场上市难、争取项目资金投入难的"三难"局面。即使国家出台一些资金政策支持，企业往往因负债率高、资本规模小而不能"入围"，因而严重影响和制约了我国农业企业的发展。据统计，全国国家重点龙头企业中仅有100多家在沪深交易所上市，占重点龙头企业的比重不足10%，仅占沪深交易所上市公司总数的4.5%；上市的总市值占两市总市值的比重不足1%，这与我国由农业大国走向农业强国的发展方向不相称，与国家重视"三农"、加强农业基础地位的政策导向不相称。农业企业在资本市场长期处于弱势地位，严重制约了农业企业做大做强，因此要制定特殊政策，采取有效措施，着力解决我国农业企业的资本弱小问题。为此，我们建议：

（一）农业企业要不断加强自身积累，增加资本。

农业企业要加快推行农业企业的现代企业制度，建立新型法人治理结构，提升企业管理水平，推行先进的经营模式，提高效益水平，逐步积累发展资本。

（二）国家要对解决农业企业融资难和上市难问题给予特殊政策支持。

在我们调研中，有的企业反映，当地政府将其纳入了金融支持名单，当地银行也主动对接企业，但企业提供的抵押物绝大部分达不了标，最后是望梅止渴。有的银行还给企业讲，你们要对政府主管部门说，不是我们不贷给你们，而是你们自己不要。这里的关键是金融机构不认同农业企业提供的抵押物。国家在这方面要真正给予农业企业不同于工业企业的政策支持，要建立金融机构的差异化考核评价体系，要在农业企业的抵押物审核标准上有所突破，让农业企业能实实在在地贷到款、融到资。

（三）国家把农业企业纳入国家及各级财政资本预算支持范围，给予资本性投入支持。

如在"十四五"期间，甚至在更长时期内，国家每年拿出专项资金，作为资本注入一批管理科学规范，发展前景广阔，对农户、家庭农场等经营主体带动作用明显的优秀农业企业，以补充资本金，建立混合所有制。通过契约形式给予资本有偿注入企业，相对于碎片式资金补贴等有诸多好处：一是可以从根本上解决企业资本实力问题，降低企业负债率，有利于企业融资贷款，增大上市概率，增强企业实力。二是国家可以获得企业分红收益等回报，避免了过去碎片式补贴有头无尾、有投入没回报的现象，同时国家又可以将这些收益作为新的资本金向其他企业再投入。三是通过资本注入，国家有关部门可依法通过法人治理结构作为股东持股参与企业决策，依法行使监督权，可以有效引导企业在国家战略性农业产业发展方面发挥作用。四是具有带动投资作用。充分发挥财政资本投入的引导作用，撬动更多的金融资源和社会资源投入企业，形成一个多元投入的新格局。

三、加强农业企业家队伍建设，提升农业企业的治理水平，保护企业家合法权益

我国农业企业起步晚，治理机制、管理水平及企业家队伍素质等方面与其发展不相适应，这也是严重制约农业企业发展的重要因素。农业企业家队伍成长不起来，我们农业创新发展的动力就不足，就会影响我国农业领域核心技术和关键装备的研发和投入。习近平总书记指出，企业家创新活动是推动企业创新发展的关键，要求企业家在"爱国、创新、诚信、社会责任和国际视野等方面不断提升自己，努力成为新时代构建新发展格局、建设现代化经济体系、推动高质量发展的生力军"。习近平总书记的重要论述，给了我们农业企业家巨大鼓舞，既肯定了我们的作用，也为我们指明了前进方向。农业企业家要在推进农业农村现代化和实施乡村振兴战略中发挥生力军作用，除我们自身加强自律、守法经营、诚信担当外，还希望各级党委政府加大对农业企业家的支持和保护力度。要将农业企业家纳入国家培训体系，划拨经费，给予常态化的有针对性的培训，为其颁发相关证书，不断助其提高水平，提升素质。

要鼓励帮助农业企业建立现代企业制度，建立规范的法人治理结构和科学的管理体系，科学决策，推动高质量可持续健康发展。要保护农业企业家的合法权益，建立相应容错机制，对企业家合法权益给予保护，使企业家有获得感、荣誉感、安全感、尊严感。如有些地方变动区域功能规划时要对企业拆迁等造成的损失合理补偿到位；在地方企业与有关方面发生纠纷时，司法部门要客观公正对待，防止地方保护主义抬头，损害企业权益；当企业遇到困难时，政府要雪中送炭，助其渡过难关。对想干事、能干事、干实事的企业家要提供宽松环境支持，要营造有利于企业家发展的良好营商环境。要大力弘扬企业家精神，鼓励农业企业家为乡村振兴和农业现代化建设作出更大贡献。

四、在招商引资的同时，要重视培育壮大当地农业企业在乡村振兴中的作用

大力推动发展当地特色产业是实现乡村振兴的重要路径。这个过程中，有条件地引进一些外地资本和企业，与"强者"牵手是必要的，但不能忽视对本地土生土长农业企业的培育和扶持。本地农业企业更熟悉当地环境，更容易与当地民众情感融合，拥有独特的乡情乡俗和发展家乡产业的天生情怀，更能深深扎根乡村，和当地农民共同创业致富。如湖北名羊农业科技发展有限公司，董事长刘锦秀23岁从外地打工返乡创业，在当地政府扶持下，把农业农村部命名的黑山羊作为开发品种，艰苦创业十几年，带动大别山区山羊养殖户7700多家脱贫。作为一个年

轻的本土创业者，她正是带着对家乡父老的感恩之心，发展适合当地资源优势的乡土产业，解决了大别山区长期难以攻克的贫困难点、痛点，为贫困山区脱贫走出一条新路。时任国务院副总理汪洋在罗田视察时称其"为全国提供了一种可复制的脱贫好模式"。作为创业领军人物，她连续两届当选全国人大代表，2019年国庆还登上了扶贫英模彩车。比如，山东的菱花公司也是一家不忘初心、带领乡亲们共同致富的本土企业典型。他们扎根当地农村，与上百家农场和合作社、涉农企业建立联合体，形成紧密利益共同体，年产味精 30 万吨，取得了良好效益，既发展了企业，也带动了乡村，惠及了农民。同时，将农产品加工的废料生产 50 多万吨有机肥，通过管道输送到田间地头，做到了零污染、全环保，形成了独具特色的农业循环模式，受到了国家有关部门表彰。这充分证明，本土企业具有强大的生命力，他们深深扎根家乡，带着深厚的情感建功立业，成为乡村产业可持续发展的领军力量。我们希望各地在推进产业振兴时，在引进外地企业的同时，注重对当地企业的培育，努力把优秀的农民变成企业家，解决他们发展中的困难问题，消除他们在成长中的烦恼，让他们加速健康发展，成为当地乡村振兴的生力军。

（作者为全国政协参政议政人才库特聘专家、
中国农业产业化龙头企业协会会长）

分论坛一

有机旱作农业

加强耕地保护　促进农业高质量发展

路战远

一、农牧交错区的概况及农业生产情况

农牧交错区，也称半农半牧区，是耕地与草地共存、农业与牧业并举的一种复合的生产、生活系统。

全国的农牧交错区，涉及黑龙江、吉林、辽宁、内蒙古等13个省、区的234个县、市、旗，总面积达80余万平方公里。

北方农牧交错区，涉及内蒙古、辽宁、吉林、黑龙江、山西、河北、宁夏、陕西、甘肃等9个省、区106个县、市、旗，总面积约65.46万平方公里，耕地总面积达804.69万公顷。

内蒙古位于祖国北部边疆，总面积118.3万平方公里，东部是大兴安岭林海，南部是富饶的嫩江平原、西辽河平原和河套平原，西部是浩瀚的腾格里、巴丹吉林、乌兰布和沙漠，北部是辽阔的呼伦贝尔、锡林郭勒草原。从自然资源禀赋看，其耕地是全国人均耕地的3倍，现有耕地1.38亿亩。从气候等自然条件看，属典型的中温带季风气候，气候类型多；草场

居全国五大牧场之首，面积达 13.2 亿亩，占全国草原总面积的 22%；森林居全国之冠，面积达 3.73 亿亩，森林覆盖率达到 21.03%。从区位优势看，内连八省，外接俄罗斯、蒙古两国。从农业生产情况看，内蒙古旱地面积占到了 67%，坡耕地面积占到 37.9%；2019 年粮食产量达到了 730 亿斤，牲畜达到 1.3 亿头（只），是我国 13 个产粮大省（区）和 6 个粮食净输出省（区）之一，也是我国重要的绿色农畜产品生产加工输出基地。可以说，内蒙古在贫瘠的土地上，为国家供应了大量的粮食和畜产品，为国家粮食安全和北方生态屏障建设做出了重要贡献。

二、农牧交错区耕地保护与利用中的主要问题

习近平总书记强调："山水林田湖草是生命共同体。"实际上农田是限制我国北方农业生态建设的重要瓶颈，甚至是关键的短板。农牧交错区的生态极端脆弱性和以数量型为主导的发展方式，造成了农业生态环境和生产发展一系列突出问题。这些问题一定程度上是当前我国农业高质量发展甚至农业生态环境建设、北方生态屏障建设的短板和瓶颈。

一是干旱少雨，灾害损失大。内蒙古年平均降雨量是 320 毫米左右（胡焕庸线是以 400 毫米左右为界限），内蒙古的中西部地区降雨量都在 100 毫米以下甚至 50 毫米。干旱半干旱的面积占到 70% 以上，旱作耕地面积占到 67% 以上。同时，农牧交错区旱灾、洪涝灾、冰雹灾的危害严重，甚至影响到地区居民

生计。2017年旱灾面积达到5000多万亩，全区1.38亿亩耕地将近1/3甚至是一半都处于旱灾状态，有500余万亩绝收。今年（2020年）赤峰市、通辽市的南部地区受到旱灾的影响，总体收入减少70%以上。

二是耕地地力质量较差，退化十分严重。我国耕地退化面积占国土面积41%，农牧交错区退化耕地面积达60%以上，且耕地质量持续下降。内蒙古大兴安岭黑土地每年流失表土层0.2厘米到1.1厘米，较30年前平均变薄8.4厘米。按照联合国粮农组织评估，每恢复1厘米的黑土层，大约需要200亿元—400亿元，这意味着土层变薄很难恢复或者不能恢复。按照2016年原国土资源部的调查，内蒙古1.38亿亩耕地中有1.221亿亩是低等级耕地。美国、加拿大、澳大利亚等农业较发达国家，有机质含量低于一定数值就不是耕地，内蒙古有机质含量低于2%甚至有的低于0.4%的还属于优质耕地。

三是农牧交错带水资源分配不均，地下水开发利用过度。我国农牧交错带从东北到西南，整体水分逐渐减少。内蒙古地下水资源仅253亿立方米，人均水资源量相当于国际水资源安全性的61%、不足全国平均水平的1/6，作为相对贫水区却成为13个产粮大省，拿什么来支撑？主要靠地力、地下水资源。从水资源超载量看，我们主要靠地下水灌溉农田，特别是内蒙古农牧交错带超采地下水量已达18亿立方米，有33个地下水超采区。比如科尔沁沙地，每年地下水平均下降都在30厘米以上，造成了严重的生态问题。

四是农田投入品管控不够严，面源污染相对较重。现在大量应用化肥、农药、地膜，虽然总体上有下降趋势，但局部还在增加。化肥利用率总体下降与有机质还田、科技进步有关，但主要还是靠这些替代物做成的，并不是化肥本身利用技术提高。植保农药的使用量不但没有减少，还在增加单位面积。地膜实际利用率都小于50%，回收率低于70%，造成了严重的白色污染。粪污污染，规模化养殖小区重金属、抗生素的污染严重超标，重金属超标，有的需要20年甚至100年以上才能修复。

五是耕地质量管控立法相对滞后。国家耕地质量保护立法进程缓慢，缺乏耕地质量管理法规。如内蒙古目前实施的《内蒙古自治区耕地保养条例》还是1998年颁布的，急需制定《内蒙古自治区耕地质量管理条例》。

三、关于农牧交错区农业高质量发展的主要建议

一是加快耕地质量保护立法，依法保护耕地。现在的《耕地保护条例》大都是20世纪80年代制定的，当时侧重的是数量管理，没有耕地质量要求，同时执法主体不明确、执法处罚依据不充分。建议尽快制定出台国家《耕地质量管理法规》，规范耕地质量建设与管理。加强耕地质量标准体系建设，明确耕地质量红线划定方法。配套出台地方性法律法规，严格落实政策，明确职责权限，加大耕地质量保护的行政执法力度，加大巡视管护和惩罚违法行为的力度。

二是树立新发展理念，科学设定农牧业生产任务与指标。农牧交错区作为严重缺水区和生态脆弱区，现有的农业资源已难以支撑过重的农畜产品的生产任务和指标，需要科学确定发展任务与指标。建议综合考虑相关因素，基于气候条件、水资源与环境承载力、地力状况和农村牧区现代化建设等综合因素，坚持生态优先的底线和高质量发展要求，适当调减农牧业生产任务与指标。科学设定任务与指标。比如内蒙古能否将粮食产量控制在 600 亿斤 / 年左右，牲畜头数控制在 1 亿头只 / 年以内，并将农业生态健康指数作为地方政府考核指标，规范和引领农业生产与农业生态协调可持续发展。

三是科学规划，走差异化绿色发展路子。针对农牧交错区的特点，立足于区域功能定位，科学修订制定耕地利用规划，制定差别化政策，走差异化发展的路子。对内蒙古来说，要科学界定新一轮土地属性的界定，不具备耕作条件的耕地，重点恢复生态功能，把坡度 > 15 度，有机质含量东部区 < 1.0%、西部区 < 0.5% 的低等别耕地，全部实施退耕还林还草，到"十四五"末退耕 1000 万亩以上。不适宜种植粮食作物的耕地，强化生态功能、兼顾生产功能，把坡度 ≥ 10 度、有机质 < 1.0% 的部分耕地，种植杂粮作物或人工牧草，到"十四五"末增加 2000 万亩。建设高标准农田，大力发展精准农业和特色农业，到"十四五"末再增加 2000 万亩，总面积达到 6000万亩以上。

四是加强水资源保护，提高水资源利用效率。按照习近平总书记"量水而行"重要指示精神，农牧交错区要以水定产，提高水资源利用效率，实现水资源可持续利用。以内蒙古为例，要增加高效节水灌溉面积，加强农田水利建设、应用节水技术，将现有大水漫灌农田面积50%以上退灌或改为高效节水灌溉，到"十四五"末增改高效节水灌溉面积1500万亩以上，灌溉水有效利用系数力争达到0.60以上；大面积种植节水作物，调整作物结构，选育利用抗旱品种，提高水资源利用率；加强水源污染监管，淘汰用水量大、技术落后、污染严重企业，提高工业生产与生活用水的循环利用水平。

五是转变发展方式，积极发展高质高效农牧业。只有从数量型的发展方式转变为质量型的发展方式，才能够真正实现高质高效农业，否则就是一句空话。结合"十四五"科技发展规划，农牧交错区要优化区域布局，转变发展方式，促进高质量发展。要积极实施农业清洁生产行动，以"减肥减药节水控膜"为核心，集成推广绿色生产技术，到"十四五"末，农畜产品质量安全总体合格率达到98%以上，进一步提高农畜产品质量；要启动实施大农牧业发展战略，加强一二三产业融合，将种植业生产、畜牧业转化、微生物分解形成完整的循环链条，增加农畜产品附加值，提高农牧业产业综合效益；要实施农牧业质量科技创新行动，梳理制约高质量发展的"战略清单"，突破一批制约我区高质量发展的"卡脖子"技术，到"十四五"末，农牧交错区农牧业科技进步指数要达到全国平均水平，促进农牧业提档升级和全面高质量发展；要积极争取国家农牧业特区建设，力争在体制机制、政策创设、特色优势产业培育、民族文化和区域发展上探索出新的经验和方法，破解高质量发展中一系列的瓶颈性问题。

（作者为内蒙古农牧业科学院院长、研究员）

中国旱地农业科技发展与展望

王庆锁

一、中国旱地农业发展

全球旱地面积约占 40%，我国旱地面积约占 50%。中华人民共和国成立后特别是 20 世纪 60 年代后，我国旱地农业粮食产量大幅提升。比如小麦由原来每亩约 150 公斤提高到现在约 300 公斤，提高了 1 倍；玉米由原来每亩约 400 公斤提高到现在约 500 公斤。玉米和小麦的耗水量差不多，这些年有下降趋势，水肥生产力不断提高。随着小麦和玉米产量的提高，北方粮食的人均占有率从 1990 年开始大于南方。从粮食流通角度讲，由原来的"南粮北运"从 1996 年开始转变为"北粮南运"。这与北方旱地粮食单产增高和南方粮食种植面积下降有关。

二、科技对我国旱地农业的贡献

一是地膜覆盖。地膜覆盖的使用提高了粮食产量。比如小麦产量提高幅度 15% 到近 50%，呈现出一个趋势就是集中在干旱地区。地膜覆盖方式不同产量也不同，起垄的产量比较高，起垄加覆膜的产量更高，所以目前在甘肃等北方地区大力推广全国双垄种植技术。二是秸秆覆盖。通过秸秆覆盖无论是小麦还是玉米产量都提高了 10% 左右，水分利用效率提高了 8% 左右。三是保护性耕作。保护性耕作有的地方增多，有的地方减少，大概对耗水量没有什么影响，但也提高了产量 5%—20%。四是土壤有机培肥。粮食产量因此大概有 10% 的提升。五是作物适水增密。小于 350 毫米降雨量 4000 株比较合适，350 毫米到 400 毫米降雨量 5000 株以上比较合适。随着降水量增多作物密度也应增大。六是间作。北方旱地大量进行了间作。在晋中地区玉米与甘蓝间作比较多。

三、我国旱地农业发展面临的问题

一是地下水过度超采。最严重的就是华北地区，深层地下水和浅层地下水都在大幅度下降，并且形成了世界上最大的"漏斗区"。河北坝上和阴山山脉以北地区大量耕地进行喷灌，种植马铃薯较多。河北坝上种植很多蔬菜，大部分采用了膜下滴灌的形式。东北平原地区有 80%—90% 的水稻是通过采地下水来灌溉，一亩地约需 600 方水。二是生物多样性减少。北方地区种植结构比较单一。我国北方的某些地方，玉米种植面积占 55%—85%。晋中寿阳种植玉米占 50%，有的地方甚至达到 80%。大量应用除草剂，生物多样性在降低，河北坝上仅有 4—5 种藜科植物，禾本科基本上见不到了。三是土壤质量下降。土壤耕层变薄、有机质减少。四是污染问题突出。地下水硝酸盐污染，我在密云水库上游采样时发现采样点硝酸盐超标（每升10毫克），有的地方超标达到20%左右；大气污染问题，秸秆焚烧处处冒烟；沙尘暴问题，过度开垦、放牧而引起地表覆盖物减少；白色污染方面，尽管地膜覆盖带来了增产，但是污染也是很严重的。

四、我国旱地农业发展的展望

一要探索适水种植系统。华北地区超采90亿方水，根据现在压采规划，引水替代解决42亿方水，农业需要压采47亿方水。现在有人提出要压小麦，那么全国小麦的总产量减产在5%甚至10%以上，影响国家粮食安全。另外，财政补贴每年也要超过100亿元，国家财力难以承受。我认为，仅靠压小麦或者种植制度的改革基本上是不可能的。要探索适水种植系统。瓜果和蔬菜全部实行滴灌能替代24%，通过"两年三熟"大概又能压一半，小麦减产率3.5%以下。二要建立高生物多样性的旱地农业生态系统。英国是通过4年或6年一轮作来保证有机质含量和土壤肥力的。三要探索旱地农业水分高效利用的机制和技术体系。比如培育抗旱高产的作物品种、作物合理轮作间作、保护性耕作（包括覆盖作物）、高效集雨技术、抗旱节水制剂、作物抗旱内生菌的开发等。

五、对有机旱作农业的认识

20世纪80年代之前，我国北方基本上都是有机旱作农业。虽然用了化肥，但不多；农药也用了，但用的次数很少。农业靠的是地力培育，以农家肥、农业副产品（棉籽饼、豆饼、花生饼、菜籽饼）为主；实施休耕轮作、草田轮作等方式。有机旱作农业的定位是旱地农业的绿色发展，其产品是优质特色农产品，包括有机和绿色食品等，还包括非有机和绿色农产品，其核心是以土壤培肥为重点，维持并提高土壤持续的生产能力，发展目的是节水、节药、节肥，发展特征是长期性、广泛性、综合性。

（作者为中国农业科学院农业环境与可持续发展研究所研究员、博士生导师）

华北农业的进步——有机旱作化

张立峰

一、华北农业旱作化的大势

一是华北农业旱作化的客观实在性。华北是我国和世界上人均水资源最少的地区之一。华北平原地区的水只有世界平均数的 1/30，只有中国平均数的 1/6。河北是我国最缺水的省份。以色列人均水资源为 370 立方米，河北省人均不到 300 立方米。中国用占世界 5% 的水资源、10% 的耕地，生产了占世界 20% 的粮食，养活了占世界 22% 的人口。中国人多地少，其实水更少。

二是华北农业旱作化的客观历史性。从实践看，农业起源于旱作农业。中国以"人口—食物"需求为中心的社会发展，促发了以高产、稳产为目标的"水利化"农业。毛泽东说，水利是农业的命脉。在生产上，从"播种期点水"到"临界期补灌"再到"生育期充分灌溉"，确实走过了这样的过程。为实现粮食稳产和高产，中国建设了很多水利工程。如 1954 年建成了新中国第一座水库官厅水库，后来又"根治海河"，上游把水存入水库，中游和下游把水输入海洋。粮食产量稳定了，可是又产生了一个问题——水源减少了。我们又不得不发展灌溉来改良田地。所以，中国有了世界上最大面积的地下水"漏斗区"。在这个区域，河流被拦截吃干喝净，有河皆枯，有水皆污，水井打得越来越深，水泵一代换了又一代，使得中国成为世界上灌溉比例最高的国家。以水为中心的资源生产和配置成为农业发展的重要瓶颈。

三是华北农业旱作化的未来基础性。在市场经济背景下，水作为全社会生产的共同资源必须按照比较经济效益的原理进行产业界的配置。比如华北地区"节水麦""吨粮田"单位立方米的水只有3—5元的产值，"夏玉米""地膜春玉米"是10—15元，这些显著低于工业生产每立方米给社会所带来的收益（炼钢业是用水效益最低产业，每立方米水尚能产生20元产值）。因此，低下的农业用水的比较经济效益就决定了农业的节水和农业的旱作化在未来的基础性。

二、对华北农业有机旱作化的考虑

"有机旱作农业"对应的是"无机水作农业"。可以说，过去为提供社会所需要的粮食高产和稳产，我们走了"无机水作农业"之路，今天我们要考虑如何转向"有机旱作化"。我认为，中国传统的农业是有机农业，依靠自然力支持的农业是有机农业，不用化肥、农药、除莠剂、生长调节剂的农业是有机农业，不施用人工制成品的农业是有机农业，与无机农业相对应的是有机农业。美国农业比较先进，我国农产品主要作物的售价已远高于美国，而我们的成本更高，这些成本中人工成本已是美国的4—28倍。

从系统学角度讲，任何系统的组成都包括能量、物质、信息、环境、科学技术。有机化的农业是以发展人畜动力为主的农业，今天这样的能量不能够支撑社会需求，必须依靠科学技术。那么科技农业就能够创造有机农业吗？我们把建水库、打机井、机械用在农业上，这些环境调控工程在生产上是有效的，但不一定是有机农业。

三、华北农业有机旱作化的思路

农业是农民在农村进行的、以农田为基础的生物质与环境资源产品的生产与再生产过程。农业的功能依次为"福利性的自足生产→营利性的商品生产→公利性的环境服务→社会性的劳动就业"。农业的社会功能由低级到高级，已走过"福利性的自足生产"阶段，基本走完了"营利性的商品生产"阶段，今天已进入"公利性的环境服务"阶段，我们将走向"社会性的劳动就业"阶段。农业的发展结构演化特征是集约化、简约化。比如现在小麦全程机械化生产，就是简约化。农业生产结构和生产技术装备水平，一边向集约化发展，一边向简约化发展，两者的耦合才是新的生产能力。农业和非农产业都是社会生产，需要资源供给，不同的产业有不同的"生产位"。古代社会农业占据了全部的社会资源。随着社会的发展，工业产生并发展起来，产值已超过农业，但生态产业使得整个社会资源在产业之间出现了严重的资源"生产位"重叠和竞争。在这一竞争过程中，农业总会处于相对劣势地位。怎么发展？一方面要提高农业资源的利用效率，另一方面要拓展农业资源的类型与存量。

四、农业有机旱作化的途径

科技促进生产力发展，一个方面要知识创新，另一个方面要技术创新。知识创新就是知识科学化，技术创新就是技术工程化。

一是环境型鉴定。可用公式来表示："表型 = 基因型 × 环境型"；"生态系统 = 生态型 × 生态位"。生态系统就是许多生态型和生态位所组成的整体。我们把基因型和生态型连在一起，把生态位和环境型连在一起，就形成了有机旱作化农业。有机旱作农业的途径，需要抽象出特定"生态型的环境因素"，主要包括光、温、水、盐、气、生物等因素，及其时序变化特征。比如白菜是一种喜凉的作物，其生长和发育过程与环境有很大关系。

二是适生区划分与建设。按照特定生态型的环境型需求，进行生态型适生区划分；按照生态型的最适环境型需求，进行适生区环境因素的培育与定向建设。有了这个划分后，我们按照生态型的环境需求进行适生区的建设。作物对于环境的适应过程，同时也是作物对于环境的改造过程。同样的环境，由于不同生物的改造规律会分化出不同的"生态位"。不同的环境又会形成不同的"生活位"。我们应该做三件事情：第一件是遥感和遥测的环境精准监测；第二件是地理信息系统的土地和大气以及生物资源因素格局的构建；第三件是作物生活型的环境型分类和资源因素的培育与建设。

三是农田生产技术工程。技术工程化是建设新型农业的重要途径。归纳为五个步骤：第一是靶定生产问题，比如喜凉的白菜，早播低温而抽薹，无商品价值；第二是构建目标范式，比如 ≥ 12℃环境，低温迟钝生态型不能春化发育；第三是选配表达载体，比如建设温室 ≥ 12℃环境型，温室育苗、移栽大田；第四是建立田区样板，比如在农户田配套覆膜以促进生长，推广应用；第五是评价生产效果，比如"一亩园十亩田"效益，但会出现地下水下降问题。

五、有机旱作农田生产工程

一是简约型轮种农作制。华北地区作物之间彼此的时间顺序所组成的不同的轮作方式，对于土地的利用效果显著不同。

二是集约型装备农作制。比如蔬菜在河北坝上地区原来就一个生长季节，现在是大棚种植，达到了 4 茬，收入 4 万—5 万元。我们正在研究大棚膜的面积和收集雨水量是否能够满足棚里蔬菜的消耗量，已检测两年，如果成功能够生产高产值的蔬菜。

三是农牧一体循环型农作制。比如番茄、樱桃都是错季生产，用羊粪去配置，果实味道十分好。

四是无害化农作制。夏天豆角很容易长虫子，在河北坝上冷凉地区种植豆角，没有虫子，因为形成了生态错位。大棚种植豆角，既无虫也无病，不需要使用农药，这就是无害化产品。

（作者为河北农业大学教授、博士生导师）

走好"山西有机旱作农业"特色之路

王娟玲

2017年，习近平总书记视察山西时指出："有机旱作是山西农业的一大传统技术特色。山西少雨缺水，要保护生态、节水发展，要坚持走有机旱作农业的路子，完善有机旱作农业技术体系，使有机旱作农业成为我国现代农业的重要品牌。"切中了山西农业的根本，指明了山西农业发展的路径，是我们做好"三农"工作的行动指南。

一、传统旱作农业

山西最大的农情是干旱少雨，全省有近80%的旱地，是旱作农业的大省，占到黄土高原的大约1/4。山西农业发展历史就是一部有机旱作农业的发展历史。从7000多年前的丁村文化一直到清朝的《马首农言》都有记载。尤其是20世纪的六七十年代，山西通过创新、研究、探索、总结，形成了"三庄一寨一山一川"的典型旱作技术。20世纪90年代以来，晋麦33、晋麦47、晋谷21，都是国家级大品种，至今代表着国家水平，在抗旱育种旱作技术方面作出了贡献。再到"十五""十一五"以来，在全国率先提出"艺机一体化"，推进和加速了全国清洁化技术的创新和研究。

习近平总书记在山西讲有机旱作农业，就是基于山西农业的典型代表性和山西旱作农业对全国的特殊贡献，也是希望山西继续发扬优良传统，在新时代作出更大的贡献，继续引领示范全国。有机旱作农业既包含原有的有机，核心是增施有机肥，也包含不施用化肥和农药的有机农业，是绿色健康生态、良性循环、可持续发展的发展理念。通俗来讲，就是地要越种越肥，土壤要越来越健康，各种资源水、土、肥、药、膜都要高效利用，农产品要绿色优质健康，生态环境要越来越好，最终实现天人合一，永续发展。

2017年习近平总书记视察山西要求发展有机旱作农业之后，三年多来山西从技术到生产都取得了较大的成效。同时也存在不少的问题，有搞偏的，有搞窄的，甚至有搞乱的。比如，有人理解有机旱作农业就是有机加旱作，就是在旱地上搞有机生产，把两个东西割裂开来，明显是把它搞窄了。有人提出绿色有机旱作，在逻辑上是错误的，我们所说的有机和绿色，不是传统意义上的绿色产品、绿色食品、有机食品，它是大的有机、大的绿色，把绿色冠到有机前面，显然是不合适的。有人提出高标准的有机旱作，有高标准、低标准的区分，也是不合适的。在实践发展上，有机旱作农业出现了三种倾向：第一把有机旱作农业当成传统农业的简单回归，搞低了有机旱作农业；第二把有机旱作农业等同于有机农业，搞高了有机旱作农业；第三把有机旱作农业当作旱作节水农业的简单过渡，搞错了有机旱作农业。以上三种倾向忽视了中国的国情，忽视了立地条件，不能实事求是、因地制宜。

以前说到有机旱作农业，土是很重要的一个载体。20 世纪六七十年代的时候，土地主要靠耕、翻和耙耱，营造土壤水库、加厚活土层，起到纳雨蓄墒、收墒保墒的作用，同时增施有机肥，用养结合。传统的旱作农业优点是保土肥田、纳雨蓄墒、用养（农牧）结合，是一个非常科学的循环，依然闪耀着灿烂的农耕文明之光，是可持续的，能够走得下去的。主要问题是费工费力、成本太高、产出不足。因此，发展有机旱作农业，我们不敢回去，也不能回到传统的旱作农业的水平。因为我们饿了那么多年的肚子，所以不得不把追求产量作为主要目标，甚至是唯一的目标。

二、当前旱作节水农业存在的问题和危机

旱作节水农业几十年来都是为了解决温饱和片面追求产量的客观需求，随着化工科技进步、化肥农药快速发展，以及人为对生态安全的主观忽视，削弱了农业在粮食安全、食品安全、生态平衡、净化空气、涵养水源、调节气候等方面不可替代的功能和作用，所以出现了一系列的问题。

一是有机肥利用不足。比如秸秆，随着生产水平的提高，产量提高了，秸秆的总量也在增加。2019 年山西省秸秆综合利用直接还田率是 58.8%，综合利用质量仍然不高。为了解决秸秆

焚烧问题，直接的措施是燃料化。目前山西省秸秆燃料化的比例是 8%，全省的装机容量是 310 兆，如果满负荷运行的话，秸秆消耗量将占到秸秆总量的 35.6%。从维持和提升地力的秸秆需求量分析，维持目前有机质含量水平 16.5 克 / 公斤，每亩需要还田秸秆 300 公斤，农业系统秸秆用量将占到总量的 75%。如果说要提升有机质含量到 20 克 / 公斤，每亩需要还田秸秆 350 公斤，农业系统秸秆用量将占到总量的 87.5%，大致需要 150 年时间。

二是畜禽粪污资源化利用差。规模化养殖与粪便处理脱节，粪污横流，污染环境，大面积的土地没有好的有机肥可用，土壤肥力低下，贫瘠退化，没有建立起用养循环体系，农民为提高产量，大量使用化肥，形成恶性循环。

三是土壤肥力下降。20 世纪八九十年代以前，采取建设水库、加厚活土层，后来采取浅旋的方式，旋得很浅，久而久之耕层变得很浅，犁底层变得很厚，导致庄稼根也扎不下去、水也渗不下去。这就是现实状况。与美国种植玉米相比，全国土壤耕层深度还不足美国的一半，种植玉米有机质含量是美国的 1/3 到 1/2，产量只有美国的一半。

四是地膜变"地魔"。地膜在生产生活当中司空见惯，虽然做出了巨大的贡献，但是问题、隐患不容忽视。不管从全国还是从山西省的情况来看，覆膜增产的作用毋庸置疑，但是污染现象很严重，特别是随着覆膜年限的增加，导致土壤渗透量下降，抗旱力减弱，影响微生物活动，破坏土壤结构，影响农作物生长。

五是水资源浪费严重。现在全球 70 多亿的人口，40 多亿都生活在缺水的环境当中。印度总理莫迪讲过一句话，"不让一滴水流到巴基斯坦，因为那个是印度的"。作为搞有机旱作农业的人员，没有水，我们什么也做不了。当前，由于我们没有节制、掠夺性经营，导致水资源浪费严重，生态变得越来越差。近 10 年来，极端干旱年份明显增多。2009 年，山西遭遇 50 年一遇的大旱，七八百万亩农田无法下种。2013 年，长治、晋城一带出现大旱。2019 年全省 9 个市 1000 多万亩的耕地受灾严重，400 万亩绝收。今年（2020 年）山西的北部朔州、大同两地遭遇三四十年一遇的干旱，有二三百万亩农田无法耕种。有统计数据显示，从鸦片战争一直到 20 世纪 90 年代，极端干旱年份明显增多，近代以前 21 年一遇、近代 9 年一遇、现代 7.4 年一遇、当代 4.7 年一遇。因此，干旱问题、水的问题，对我们做农业的来讲，必须引起高度重视。

六是农药滥用。2017 年全国农药利用率只有 38.8%，欧美发达国家为 50%—60%。农业部门监测，蔬菜、玉米等检测出农药重金属、毒素超标，造成农产品不安全、生态环境污染，农业发展不可持续。

七是产业问题。以前说到农业问题，说你种了多少、产了多少。现在我们说产业，说你产了多少、卖了多少、挣了多少。以山西核桃种植为例。全省 90 多个县种植核桃约 900 万亩，低产田 400 万亩，每年挂果 12 万吨，是我省的一个大产业，是优势产业。但全国种植核桃的地方不在少数，云南、四川、新疆种植 6000 万—7000 万亩，两三年之后就进入盛果期了。可以说产量巨大、竞争惨烈。从质上看，我省的品种很多很杂，没有主栽品种，汾阳、左权、古县、黎城等"核桃之乡"，每个县就有几十个品种，全省加起来有几百个。美国作为核桃产业生产大国只有 3 个品种，欧盟只有 5 个品种。我省单产只有 36 公斤，是美国的 1/8。从加工方面看，我省的初级加工很多，而且没有标准，精深加工不足。目前，深加工原料 80% 靠进口，出现了明显的产业危机。核桃产业的问题就是定位不清楚、盲目发展、规模大、科技含量低、竞争力差。这值得我们深刻反思，从源头起搞好顶层设计，科学规划培育一个健康产业。

三、走有机旱作农业之路

传统的旱作农业的问题是产量不高、效益不高、产出不足不够、量上不可持续。目前旱作节水农业可以概括为高投入、高消耗，虽然产出比较高，但是高污染、低效益、低竞争力。旱作节水农业与有机旱作农业只有两字之差，但存在天壤之别。有机旱作农业首先要有高的产量，解决人们的吃饭问题；其次是高质量，必须绿色、优质、健康；再次是高效率，各种资源要高效利用，做到轻简省力低耗；最后是高效益，发掘产业潜力，实现"1+2+3=6"，就是要把农业各个环节的效益吃干榨尽。农业不能把它只看成吃饭的产业，还有美丽乡村建设，还有休闲观光，还有农耕文明的传承、科普等。只有把数量、质量、经济、社会、生态等兼顾起来，农业才能实现可持续发展。

走有机旱作农业之路，必须要有正确的理念、正确的路径。各级政府要承担主体责任，创立创新和建立一套全新的大有机支撑体系，要采取"科研单位 + 高校"等方式，以非物化技术为主，建立研发集群。比如，绿色的种业、有机肥、生物肥料、节水设备、降解地膜、智慧农业等，不仅要研发产品，而且要做成商品，大规模推广应用。主要抓手有：

一是建立科研和生产的实验区。习近平总书记在 2017 年视察山西时提出有机旱作农业，2019 年国务院批复建立晋中国家农高区。2020 年全国"两会"上，刘鹤副总理到山西代表团参加审议时，又提到有机旱作农业，他提出可以探索、可以研究、可以搞实验区。我认为可以做"一核两区"，即重点实验室是核心，建设高科技科研展示区和示范应用区。重点实验室要在思想理念、基础应用等方面研究创新，攀住前沿、追踪前沿，并与产业、企业密切结合、深度融合，开展技术产品的研发，进行高端中试。高科技科研展示区，就是进行高科技的科研成果展示。示范应用区，就是在全省建设示范市、示范县或示范片，对有机旱作的技术进行大范围大面积的推广和应用。

二是发展好功能农业、功能食品。有机旱作农业不是产业，而是路径，必须把有机旱作和功能农业结合起来抓好抓实。目前这方面做得不够好，还是有点割裂，各做各的，没有将之作为一件事情来抓。只有统筹谋划、协同发展，才能实现"1+1>2"，形成集成效应，最终实现良性循环和高质量发展。山西特殊的气候条件造就了"杂粮王国""黄金养殖带""优质粮果带""中药材资源大省",也就是习近平总书记提出的"特""优"。比如沁州小米、大同黄花菜、岢岚红芸豆、静乐藜麦、汾阳核桃、稷山板枣、上党党参、浑源黄芪、泽州连翘等。这些都是我们的宝贝,必须珍惜。怎么样发掘这些潜力?从战略上讲,要科学顶层设计,把市场和计划很好地结合起来,不能一哄而上。要有"犹太理念",做不了更好,就做不同,不论哪个产业都要高端定位、适度规模,有序高质量发展,保持自己的特色和优势。从战术上讲,要发掘发挥功能作用进行大有机健康生产,绿色的附加值才能高,经济效益才能好,市场竞争力才能强,才能打造好优质和驰名品牌。我们要走好有机旱作农业的路子,用好总书记给我们的"金字招牌",做好规划,培育健康产业,以此造福山西、共享全国。

（作者为山西农业大学副校长、山西省农科院院长）

农牧结合　种养循环

——努力走好有机旱作农业发展榆次路径

张祖祁

　　坚持走有机旱作农业的路子是习近平总书记视察山西时做出的重要指示，发展有机旱作农业，榆次有基础、有优势。榆次地处山西中部，辖区面积 1328 平方公里，丘陵山区占 65%，耕地面积 70.1 万亩，其中旱地 35.8 万亩，占到总耕地面积的一半以上，年平均降水量 387.9 毫米，年平均日照时数 2519.5 小时，特殊的地形气候决定了榆次发展有机旱作农业的定位。榆次是国家现代农业示范区、国家农业科技园区，粮食播种面积稳定在 40 万亩以上，7 次被表彰为产粮大县；蔬菜种植面积 29 万亩，其中设施蔬菜 13.5 万亩，蔬菜年总产 200 万吨以上，规模产量连续 20 多年全省第一；水果总面积 18.8 万亩，干果总面积 13 万亩，年产干鲜果 80 万吨以上；畜牧业逐渐壮大，年出栏千头猪场达 36 个，形成 80 万头猪养殖规模；存栏百头以上牛场达 20 个，形成 1.1 万头牛养殖规模；存栏千只以上羊场达

18个，形成20万只羊养殖规模；万只肉鸡场36个，形成800万只鸡养殖规模，完整的种养结构决定了榆次发展有机旱作农业的方向。

近年来，我区始终牢记习近平总书记重要指示要求，重点围绕省委、省政府《有机旱作农业发展的实施意见》，对标市委、市政府"实施好百万亩有机旱作农业示范工程"目标任务，突出抓好标准化农田建设、节水保墒、良种应用、农技集成、农机配套和绿色循环等六项工程，集成了一批有机旱作农业技术模式，创建了一批优质特色品牌，走出了一条具有榆次特色的有机旱作农业发展新路。特别是坚持把农牧结合、种养循环作为发展有机旱作农业核心路径，依托得天缘60万头高档商品猪循环经济园区项目，高标准进行粪肥还田和资源利用，实现有机肥还田，高水平精准发展有机旱作循环农业，着力打造全省乃至全国有影响力的黄土高原有机旱作农业引领区。

一、放大农牧结合优势，科学统筹优势资源发展有机旱作农业

榆次畜牧产业化发展快速，规模化、标准化、商品化水平较高，涌现出了一大批养殖龙头企业和养殖大户，形成了"市场牵龙头、龙头连基地、基地带农户"的产业化发展格局。其中，山西得天缘农业科技开发有限公司就是区委、区政府着力培育支持的一家规模化、标准化、现代化水平较高的生猪养殖企业，其年出栏60万头高档商品猪循环经济园区项目是山西省

农业标杆项目、晋中市政府转型发展项目。该项目总投资 14.9 亿元，规划占地 2600 亩，建筑面积 40 余万平方米，涉及 5 个乡镇 12 个行政村，截至 2020 年末已完成投资 8.6 亿元，拥有畜禽粪污资源化利用的广阔空间和发展优势。

一是养殖规模优势。目前，得天缘庄子乡郝都村万头母猪场、北田镇梁坪村核心繁育场、万头育肥场已建设完成，北田镇南流村 A 区、B 区、C 区育肥场投入运营，猪场有 20 万头猪在栏，2021 年内将实现 60 万头猪存栏。

二是粪肥资源优势。按照每头猪每天产粪量 5.5 公斤，180 天为一个周期计算，产粪量为 990 公斤；以目前存栏 20 万头猪计算，产粪量为 19.8 万方，可实现液态肥 17.82 万方（粪量的 90%），固体肥 1.98 万方（粪量的 10%），保证了充足的养殖粪肥资源供给。

三是产业辐射优势。得天缘年出栏 60 万头高档商品猪循环经济园区项目主要位于我区北田镇、庄子乡。这两个乡镇是我区苹果、红枣、核桃以及玉米的核心产区，实施粪肥综合利用的辐射受益面达到 4 万余亩。

二、探索种养循坏模式，实施畜禽粪污资源利用培育有机旱作农业

畜禽每天产生的粪便量不可小视，若得不到及时有效治理，将会对周边环境造成污染，也是养殖企业能否生存的环保硬性要求。得天缘年出栏 60 万头高档商品猪循环经济园区项目采取

"生态养殖—再生资源—绿色种植"的循环生态农业模式，实施粪污无害化处理、资源化利用。

一是利用生态循环的先进工艺。得天缘项目猪舍铺设全漏缝地板，采取水泡粪工艺，进入一级调节池发酵 45 天后，排出进入固液分离车间，固态粪堆肥发酵，液态粪污排入黑膜粪污存储塘进行充分发酵 120 天，最终通过高压泵灌溉管网输送到农田施肥。目前，共建成固液分离车间 9 个、黑膜发酵存储塘 17 个，共 54 万方。

二是实施大手笔规划高标准建设。得天缘根据粪污产生量，聘请专业公司规划设计管网铺设方案，采用抗压 PE 管道，输送管道全部为地埋式，还配备高压提升泵、管网枢纽站，直接将液肥送到田间地头，既有效控制了养殖园区拉运粪肥带来的疫情风险，又方便了农户施肥使用。一期管网铺设工程总投资 6000 万元，铺设长度达 240 公里，覆盖 16 个行政村 4 万亩农田。

三是采用专家指导精准施肥。聘请山西农大和农科院专家、教授组成专家组，开展跟踪监测分析和对比实验，科学核算实施区域对畜禽粪污的承载力，对有机肥替代化肥的整体效果及环境风险进行科学评价，对不同作物分类指导制定施肥方案，形成适合当地的有机肥替代化肥技术。目前正在开展玉米、苹果、核桃、红枣 4 种作物的对比实验和研究。

三、看到真金白银实惠，提升经济生态效益助推有机旱作农业

传统农业"种管种、养管养"的单一模式，不仅造成资源浪费和环境污染，而且经济效益有限。得天缘年出栏 60 万头高档商品猪循环经济园区项目打破单一的种养模式，集约化发展现代农业，实现了经济社会效益的双赢。

一是农户得到实惠。以北田镇为例，农户通过追加液态肥，可使果树增产 15% 左右，按照目前均价 2 元 / 斤计，亩均增收 1500 元，同时可减少化肥投入 200 元左右，农户每亩净增收 1700 元以上；玉米亩均可增产 12% 左右，按照目前均价 1 元 / 斤计，亩均增收 180 元，同时每亩可减少化肥投入 200 元左右，农户每亩净增收 380 元以上。

二是集体取得收益。按照村集体统一管理的模式，村集体向农户收取运行费用 20 元 / 亩，其中 10 元 / 亩支付给企业作为运营费用，村委会收回 10 元 / 亩，除去支付人工管理费用 2 元 / 亩，村集体可实现每亩 8 元的收入，每年为村集体增加收入 64 万元左右。

三是企业获得利益。实施粪污资源化利用，企业有效解决了环保问题，确保项目顺利落地，而且争取到了项目发展资金，为循环经济打下了基础。同时，畜禽粪污得到充分利用，为该企业实现约 100 万元的经济收入。

四是收获生态效益。得天缘项目达产达效后，通过实施粪

污干湿分离，干粪发酵后制成有机肥料，湿粪发酵后通过管网输送到田地，达到零排放、全利用，每年可减少化肥1600吨，有效改善土壤环境，减少农业面源污染，收获良好生态效益。

　　实践证明，发展有机旱作农业方向正确、成效明显。虽然我们做了一些工作，但是还处于起步探索阶段，规模较小，辐射带动效应还比较有限。下一步，我们将始终坚持以习近平总书记视察山西重要讲话重要指示精神为根本指引，认真学习并充分吸收此次论坛成果，紧紧把握旱作农业发展的大好机遇，抓好标准化基地建设，完善有机旱作农业技术体系，积极探索生态循环种养新模式。同时，也恳请各位领导和专家莅临榆次指导，多提批评意见，帮助我们更加坚定地走好有机旱作农业的发展路径。

（作者为山西省晋中市人大常委会副主任、榆次区委书记）

分论坛二

农产品精深加工十大
产业集群主题发言

科技部中医药现代化项目示范研发及产业化应用

王林元

农业是我们国家的一件大事。我一直从事中医药方面的工作。近几年来，随着承担国家的一些课题，我越来越感到国家越来越重视研究应用问题。我们提倡把中医药扩展应用，包括功能产品、保健食品等。

一、中医药大健康是农业升级的重要方向

随着国家经济发展水平的提高，人们的饮食观念已经发生很大变化，从过去的填饱肚子发展成吃好，然后到吃平衡、吃健康。实际上我们今天谈到的产品健康是个体系，包括生活习惯、饮食习惯、遗传等。我有个课题组曾经研究过，人的健康因素大体包含七个方面，其中排在第一位的是饮食结构，大约占 25%，这就为我们未来农副产品发展指明了方向。

（一）中医药和农副产品的关系

中药，是我们国家特有的一张名片。习近平总书记多次强

调，中医药应该大力发展，特别是提到它是中华民族的一个特殊的名片，它集合了各个民族的特点，能够反映中国的文化，同时它还有现实意义。因此，我们从农业往中药发展，除了一些传统的技法之外，重点还要以产品为抓手，来突破农业和中医药紧密联系的纽带。

中药现代化的基础是农业。大家知道有个词叫GAP，我们经常讲要提升中药药材的水平，"A"就是农业的意思。农副产品什么是药，什么不是药，实际上在定义的时候还是有些模糊的。比如，农民种出来的是不是药？其实这时候我们把它叫作农副产品。食品和药品当中有很多标准，绝大部分是一致的，但是少量还是不太一样。很多的食品经过炮制之后才能变成药品，但有的食品和药品的形态几乎影响不大，比如枸杞，基本上影响不大。有的需要炒、秘制等，这是食品和药品不一样的地方。今天所说的深度开发，就是从原料开始，让农产品提高价值。比如，沙棘，从药品来说不同的部位有不同的活性，从食品米说营养的角度略微不一样。总之，农产品和中药材大部分是有相通的地方。如果说不一样，有地方、标准、炮制、药用部位的不一样，这两个结合起来才能为中药大健康的产品开发作基础。

（二）中医药发展的机遇

如今，我们的疾病谱发生了巨大的变化。过去劳动者缺乏保护，像施工时从楼上掉下来，外伤占的比例非常大。现在危害人们生命健康的是慢性病，那么慢性病的预防就要靠中医药防治和健康的生活习惯，这为农产品发展提供了广阔的市场空间。农产品生产的规模化、集约化，现代化、智能化，标准化、产品化，产供销、一体化，重科技、健康化，树品牌、服务化六个方面为产品升级提供了新的方向。

二、指导示范研发产品的中医药理论

简单地说，中医药理论体系可以概括为"123456789"，即：一个整体、阴阳平衡、天地人、四气四诊、五行学说、六腑六邪、七情、八纲辨证、九种体质。比如，前段时间国外一名学者发表了文章，在治疗新冠肺炎的时候，他发现了一个现象，把肠道的问题解决了之后，肺部疾病发生很大的变化。实际上这个发现几千年前中医已经有了，中医在治疗的时候就十分注重肺与大肠相表里。重点向大家介绍以下中医药理论：

一是治未病理论。"治未病"医理最早源自《黄帝内经》。"治未病"即采取相应的措施，防止疾病的发生发展。

二是阴阳平衡。在解决人的健康问题时，阴阳平衡和所有的平衡始终伴随着客观世界和我们自己，也就是"阴平阳秘精神乃治"。热者寒之，寒者热之；痛则不通，通则不痛。这是中医最基本的平衡理论。所有的人都有寒热，所有的物质都有寒热，它的偏性是不一样的，所以在开发产品的时候，要更加精准地把握事物的偏性。

三是中医药589理论。即："五行理论、八纲辨证（阴阳、表里、虚实、寒热）、九种体质"。我们要把中药核心的东西放到产品开发当中。把这些理论用于人体干预的话就是调养、调整和调理。

三、科技部重点研发计划中药项目介绍

我有幸承担科技部重点研发计划，特别是中药现代化当中关于中药复方保健的示范研发，重点是加强中医原创理论创新、中医"治未病"、中药复方精准用药等关键技术突破，制定一批中医药防治重大疾病和疑难疾病的临床方案，开发一批中医药健康产品。该项目 2018 年立项，12 家单位参与，以辨症保健理论为主，包括模式创新、产品创新，和企业结合起来，围绕市场进行产品的创新，着力建设中医药国家级示范平台。中医药示范研发产品平台建设要实现"四更"目标：

一是产品更科学。包括产品机理、配伍，由天津中医药大学药理室的主任牵头负责。

二是产品更安全。绝大部分产品从原料来控制，合理配伍。

三是产品更有效。产品实现升级，治疗有效。

四是产品更可靠。注重产品的稳定性，实现批量生产。

当前所做的工作就是把企业纳入平台当中，从方案制定、专家论证、产品设计、工艺提升、实验研究、质量标准、质控体系以及上市评价、品牌提升等方面进行全方位打造，甚至为企业做一些后期的工作，如人才培养、制度建立等。在遴选示范企业方面，主要从致力中医药于大健康事业、企业社会信用良好、具备一定的实力和规模、产品为纯中药制剂及配伍合理等方面着眼。不仅对大企业，比如神威药业、安利等，而且对

中小企业科技部也支持。

四、关于中医药大健康产品的思考与展望

大健康产品原料选择是第一关。农副产品是原料的来源。我们开发功能产品，并不是以填饱肚子为主，而是药食两用或药食同用。要开展试点工作，像当归、山茱萸、石斛、西洋参、党参等可以在一定的范围内按照普通食品来做。从市场来说，凡是食品变成药品的，它的价格马上就翻倍。药食品的规模相对比较大，我就想食品怎么升级。食材上适合于药用的部位，经过炮制之后变成药品，它的价格几乎是翻倍以上。所以，农民致富可以分类，往药物这一方面做，提高产品附加值。

开发产品有安全性、功能性、可控性要求。中药产品研发注册要遵循科学性、合理性、真实性、一致性的原则，给予企业系统理论介绍、产品与服务结合、系统组合产品、病征与产品统一、引领市场方向、密切契合营销等方面指导，解决普遍和个性脱节、产品与理论脱节、产品与服务脱节、疾病和病征脱节、营销与市场脱节的问题。

据第四次全国中药资源普查试点工作统计，山西省共有中药材 1788 种，其中植物药 1625 种、动物药 133 种、矿物药 30 种，更有黄芩、黄芪、连翘等 30 多种地道药材。山西很多药材产量在全国占有非常高的比例，特别是黄芩、柴胡、连翘、射干、瓜蒌等。虽然产量占的比例比较高，但是很难往大健康上做。比如，山西是远志的主产区，可以围绕它做文章，做成大

品牌。山西也是沙棘的主产区。就目前来看，沙棘只是一个饮料，没有对它做功能食品的研究。我个人认为要围绕沙棘做文章，可以进行分级处理。沙棘里面有沙棘黄酮、沙棘籽油和沙棘果油，其中沙棘籽油和沙棘果油里面有亚麻酸和亚油酸，如果我们仅从沙棘里面提取维生素 C，它的价值就降低了。另外沙棘叶子里面沙棘黄酮含量很高，可以制作沙棘茶，实现产品升级。因此，农产品要想发展，必须把中药和大健康的价值注入，提升农产品价值。

（作者为北京中医药大学教授）

农产品精深加工技术展望和产业集群案例借鉴

张天柱

一、现代农产品加工业概述

(一) 发展背景

农产品加工业是农业农村经济高质量发展的重要引擎。现在我们只靠一产的种植、养殖等，农民致富的难度越来越大。从整体而言，全世界发达国家农业利润的 80% 是来自农副产品加工和流通，所以农民收入增长到一定程度，没有加工业是有问题的。农产品加工业是农民稳定就业增收的重要途径。从收入来讲，我国农民一产经营性收入在农民可支配收入中占比逐年降低，工资性收入占比逐年增长。农产品加工业发展可以带动前后端产业延伸发展，广泛吸纳乡村农民就业。农产品加工业是农业供给侧结构性改革的重要抓手。与发达国家相比，我国农产品加工转化能力严重滞后。我们提供的全是原料，但是未来发展趋势一定是半成品或者是成品。所以，我们去国外参加的不是农产品展，全是食品展。农产品和食品的差距就在加工的过程。从农产品加工率看，我国的农产品加工率为 67.5%，实际大部分都是初加工，而发达国家的精深加工程度在 85% 以上；从加工产值看，我国的农产品加工产值与农业产值之比是 2.3：1，而国外的数据是 3.5：1，有的国家甚至是 5：1。农民要想致富，单纯进行传统的种植和养殖，现在发展已经到了一个瓶颈。从消费方面看，发达国家农产品加工意识较强，加工技术成熟、设备完善、产品种类较多，加工食品消费约占饮食消费的 90%，而我国仍是以没有经过加工的原料消费为主。

（二）扶持政策

《全国乡村产业发展规划（2020—2025 年）》明确，到2025 年全国农产品加工业与农业总产值比达到 2.8：1，主要农产品加工转化率达到 80%，完善产业结构、优化空间布局、促进产业升级。这是为产业发展提出的措施。从国家层面看，从2017 年到现在我国持续出台文件，从高质量发展、精深加工、三产融合、产业集群等方面鼓励农产品加工业发展，说明有关部门逐步意识到加工业的重要性。从各省层面看，不仅山西在做农产品精深加工，每个省都在做，有些省可能跑得更快。特别是，每个省都有重大项目，其中山西有农产品精深加工十大产业集群。

（三）问题对策

存在的问题主要有八个方面：一是资源综合利用率偏低，产品加工不足和过度加工并存；二是装备研发投入不足，工艺与装备匹配度不高；三是缺乏高素质专业人才，人才流失严重；四是质量监管体系不健全，加工农产品存在质量安全隐患；五是结构布局不够合理，上下游主体尚未建立有效利益联结机制；六是税负重融资难，生产成本上升过快；七是产品整体竞争力不强，出口难度加大；八是行业引导能力和公共服务不足。针对上述八个不足，有八个解决方案：一是优化产业结构；二是引导支持农产品加工企业更新装备和工艺；三是加强人才培养；四是充分发挥农产品加工业行业协会作用；五是加快布局调整；六是加快完善农产品加工业税收政策；七是大力创新金融服务方式；八是积极实施差别化政策。

（四）发展趋势

农产品加工业发展趋势主要体现为"六化"，即：科技化、工业化、绿色化、专用化、标准化、功能化。

二、国外农产品加工产业集群发展模式研究

全世界都在发展产业集群，特别是欧洲国家的这项工作开始得比较早。据欧洲集群合作协会不完全统计，食品类以及农业食品加工类的产业集群超过 64 个，平均每个欧洲国家都至少有一两个，荷兰、法国等农业大国则至少有 5 个。

荷兰食品谷位于荷兰瓦赫宁根，涵盖 8 座城市的 35 万人口，2018 年总产值约 650 亿美元，其中出口额约 325 亿美元。荷兰食品谷的发展离不开科技支撑，其成功经验被总结为"金三角"理论：政府、教育科研机构、企业的合作；运营模式采

用会员制，要求入驻的企业、科研机构成为荷兰食品谷的会员；关键是科研创新，企业附近有诸多科研机构或实验室，并开发了世界食品创新平台。因此，山西农谷要发展产业集群，必须高度重视科技创新。

丹麦食品产业集群，位于丹麦奥胡斯市郊区，核心区为奥胡斯市郊农业食品经济开发区，占地约 100 公顷，就业人员 20 余万人，是世界第三大食品产业集群。其成员构成主要有科研机构（知名大学、研究所）、企业（初创、中小、大型企业）和其他机构（组织、政府、咨询公司）；服务内容包括会议会展服务，即提供全方位的会议服务，包括完美的环境、一流的餐饮，以及充实的会议计划；全方位开放，即遵循"开放式创新"的想法，开展各项活动，加强与商业区和创新区的联系；国际化视野，即与丹麦投资局合作，通过积极的营销手段，创造国际化的"创新生态系统"；创新创业孵化，即提供强大的孵化器环境，促进大小企业合作，扶持初创公司。现在我们也需要孵化出更多的中小企业。

意大利艾米利亚—罗马涅"食品谷"，位于意大利艾米利亚—罗马涅大区，占地 2.21 万平方公里。我每年都去参加意大利的果蔬展、食品展。而我们是举办农博会，这几个字就代表了差距。这个产业集群从农用工业开始，有种子、农用工业、加工、食品等产业体系，形成了和谐的发展环境。我们现在想平地起高楼，支撑起来就比较有难度。

日本利根川沿线食品产业带，位于日本千叶县及利根川流域县市，中心城市为西北角的野田市，很多中小企业集中在这一产业带上，辐射面积达到 1.684 万平方公里，其发展模式是龙头企业带动发展，借助核心龙头企业——龟甲万株式会社的平台销售区域农产品。

三、国内发展探索

中国食品产业集群的概念出现较晚，发展规模较小，且政府、企业与科研机构的合作关系不够紧密。以山东省潍坊市为代表，各省市和地区加快建设农产品加工（食品）产业集群（园），大部分项目还在规划建设阶段。

山东潍坊国家农业开放发展综合试验区。2012 年 8 月，潍坊市委、市政府提出规划建设"中国食品谷"。2019 年，国务院批复潍坊建设全国唯一国家级农业开放发展综合试验区，由山东省与国家 20 部委共建，由此"中国食品谷"正式转型升级。其核心区总面积 120.9 平方公里，主要建设新旧动能转换智慧农牧示范园、高端食品产业园、国际农业高科技智能孵化培训中心、滨海现代农业（畜牧）产业园、国家现代农业产业园技术集成示范区等。目前食品谷的软件建设尚不足，很多园区利用率较低。

广东深圳"国际食品谷"。2019 年 11 月，深圳市政府与中国农科院在第五届国际农业基因组学会议暨深圳国际食品谷研讨会召开之际，签订《全面战略合作框架协议》，借鉴荷兰食品谷模式，规划打造"深圳国际食品谷"，将该项目列入深圳市

建设中国特色社会主义先行示范区"重点任务"，未来计划构建
"一谷 +N 家特色种植基地"。特别是正在打造的"圳品"起源
于 2018 年，是食品安全战略工程的重要组成部分，是依托供深
食品标准体系而打造的农食产品品牌，截至 2019 年 6 月已推出
3 批 123 种产品，涉及 14 省 31 市 55 个基地，开拓线上线下渠
道，累积销售金额近亿元，运转效果良好。

河南驻马店国际农产品加工产业园。定位为建设世界一流、
全国领先的国际农产品加工产业园，空间布局"一中心、八板
块"。一中心即综合服务中心，八板块指休闲便利食品、营养健
康食品、新食品、产业配套服务、物流仓储、智能装备、保健
特医食品等多个功能板块。其中南部主要为高端服务板块，北
部为高端制造板块。

黑龙江肇东国际农产品加工产业园。规划总面积 100 平方
公里，是 2018 年国家核准并重点支持的两个农产品加工产业园
项目之一，计划总投资 100 亿元，立足原有绿色食品加工园区，
改（扩）建成为定位国际化的综合性农产品加工园区，将保持
以绿色食品产业为核心，发展六大产业链条，涉及能源、医药、
饲料、食品等诸多行业。

四、山西十大产业集群国际案例借鉴

山西省提出发展精深加工十大产业集群，我们专门找了一
些国际案例来对标。

（一）酿品产业集群国际案例——美国纳帕谷葡萄酒小镇集群

美国纳帕谷葡萄酒小镇集群位于旧金山以北约 50 英里，目前是美国第一个世界级葡萄酒产地，全球知名的葡萄酒产地。产业业态以传统葡萄种植业和酿酒业为发展基础，以葡萄酒文化、庄园文化闻名，形成包含品酒、餐饮、养生、运动、婚礼、会议、购物等综合性的乡村小镇集群，每年生产 900 万箱葡萄酒，产值超过 130 亿美元，为纳帕郡提供就业岗位 46000 个，每年接待世界各地的游客达 500 万人次，旅游经济收益超过 6 亿美元（约合 42 亿人民币）。

经验借鉴：注重科技应用和产学研合作、控制产量保证产品质量、品牌认证和保护、组织统一管理。特别是为避免同质化竞争，对八个小镇提出了差异化的发展定位，大致分为四类：葡萄酒本身、葡萄酒 + 体育运动、葡萄酒 + 商业艺术、葡萄酒 + 休闲养生，整体形成"葡萄酒 +"的产业体系，实现了葡萄酒产业一二三产融合。

（二）饮品产业集群国际案例——日本静冈县茶产业

静冈县是日本最大的绿茶产地之一，主要产茶区面积达 30.45 万亩，产量占日本总产量的 60%，与狭山茶、宇治茶并称为日本三大茶。

经验借鉴：静冈县于 2014 年提出构建"茶之都"，制定《富士之国茶之都静冈构想》，充分运用本县与茶有关的资源，建立静冈茶品牌，推动人民致富、国民健康。特别是在品牌构建上，做到了保证原料品质、把控制茶过程、把控销售环节、扩大宣传渠道。

（三）乳品产业集群国际案例——荷兰奶酪之乡豪达

荷兰奶酪之乡豪达建立了专业的奶酪交易市场，并通过鹿特丹、阿姆斯特丹港口中转全国各地；发展奶酪文化旅游，年产量 55.58 万吨，占荷兰奶酪产量的 60%；年产值超过 60 亿欧元，其中出口 1.25 亿欧元。

经验借鉴："生产＋旅游"，开发产销链，设立奶酪集市，体验奶酪贸易和奶酪制作，发展奶酪旅游业，参观人数达 13000 人，旅游业营业额超过 8000 万欧元；质量控制与监察，严格坚持村落为主产地，市议会参与生产过程的质量控制，并促使制造商参与专门的质量监控和研究计划，同时提供产地保护方面的相关服务，保障豪达奶酪的原汁原味。

（四）主食糕品产业集群国际案例——英国烘焙小镇贝克维尔

英国烘焙小镇贝克维尔是一个以烘焙糕点为特色的英伦风情旅游小镇，特产是"贝克维尔布丁"（蛋挞）。举办美食节、农业展、集市、狂欢节等活动，每年游客数量 1300 万人次。

经验借鉴：贝克维尔之所以被称为"烘焙小镇"或是"布丁小镇"，主要得益于在发展"食旅融合"的同时，对外提供丰富的周边体验活动，从而加强了小镇与烘焙美食的潜在联系。

（五）肉制品产业集群国际案例——西班牙伊比利亚火腿

西班牙伊比利亚火腿是该国最具特点的美食之一，年产量 10 万条以上；一条 7.5 公斤的火腿售价在 150 欧元到 600 欧元之间（合人民币 1200 元到 4800 元之间），年销售额达 40 亿欧元。

经验借鉴：一是高标准的原料。原料采用优良品种伊比利亚黑猪，采用领先的投喂、饲养标准，使得产品拥有最佳的脂肪含量、营养比例等指标。二是差异化的风味。正宗火腿加工过程要求严格，工艺随气候条件调整，形成差异化的风味特色，并借助地理标志产品保护，价格为我国金华火腿的 5 倍以上。三是旅游带动产业。生产厂家提供丰富的体验活动，如火腿品尝、切割体验以及参观火腿博物馆等；政府专门设立"伊比利亚火腿之旅"网站，推荐官方"火腿文化之旅"线路，每年吸引数百万尝鲜的游客。

（六）果品产业集群国际案例——新西兰猕猴桃之都蒂普基

蒂普基位于新西兰北岛的丰盛湾，是新西兰猕猴桃的主要产区之一，被誉为"奇异果之都"。生产以产销研循环为基础，发展规范栽培管理、商品化水果种植；产品主要有以猕猴桃鲜果、猕猴桃花为原料的食品与护肤品，以猕猴桃为主题的箱包、衣服等。

经验借鉴：果农自发成立"新西兰奇异果营销局"，负责对整个产业的品种选育、种植、包装、储藏、物流等进行统一规划；推出"ZESPRI"作为统一且唯一的品牌；成立"佳沛新西兰奇异果国际行销公司"，是新西兰唯一拥有奇异果出口资质的公司；设立技术研发部门，每年投入上百万美元的研究经费，培育新品种、调研健康价值和探索新方法；创立"ZESPRI产品质量保证体系"，保证奇异果的产品品质。

（七）功能食品/保健食品产业集群国际案例——日本保健功能食品产业

日本保健功能食品产业现在最大的障碍是没有规矩、规范。日本把相关政策放得比较宽松。截至2019年3月底，日本共有1894件商品获得功能性标示食品许可，主要产品类型为补充品形态加工食品、非补充品形态加工食品和生鲜食品。据欧睿国际预测，2021年亚洲保健食品市场估值为896.3亿美元。

经验借鉴：一是法律法规健全，政策适度放宽。日本的功能食品法规体系自20世纪90年代初步成型。"功能食品标示制度"政策上适度放宽，直接激发出功能食品行业的潜力，新品上市加快，功效研究成果频频披露。二是注重科学研究，展示科研成果。日本对功能食品专项形式的研究为挖掘原料、产品的功效潜力，为进行合理的原料筛选和配方设计提供了充足的科学依据。三是重视消费者研究，细分消费市场。日本功能食品企业往往会从中提取最具有市场潜力的消费群体，甚至可以细分到某一特定的年龄段、性别、职业、生理特征的人群。

（八）化妆品产业集群国际案例——法国香水小镇格拉斯

格拉斯被誉为世界香水之都，位于法国东南部普罗旺斯—阿尔卑斯—蓝色海岸大区滨海阿尔卑斯省，支柱产业除香水外，还包括皮革制造和旅游业。主要产品有香水、浓缩液、天然香料等，产量占法国全国产量的一半、世界产量的7%—8%。

经验借鉴：一是产业转变升级。由于生态可持续发展理念以及香水文化的普及，格拉斯经历了从皮革制造业到香水制造业再到香水研发、观光旅游的两次产业升级。二是品牌影响力。通过形成产业集聚和规模化效应，提高格拉斯产业影响力，并引入知名产品制造企业或者品牌进行合作，将区域品牌与产品品牌相结合。三是香水旅游产业。格拉斯根据自身的产业和资源优势，打造出四大成熟旅游产品：香水制造体验、香水香精原产地购物、花田观光以及休闲节庆节事。

（九）中医药产业集群国际案例——日本汉方药产业

国外用我们的药方，但我们主要的问题是药材的质量。日本汉方药产业主要产品有医疗用医药品、一般用医药品、配置用医药品等，主要企业有津村制药、钟纺、三共、小太郎、大衫、帝国、本草等，年产值1670.54亿日元（合98亿元人民币）。

经验借鉴：一是现代化开发。日本全球首创中药配方颗粒的"速食"产品形式，精准把控药剂中的有效成分含量，去除异味，降低了用户的时间成本、方便携带，有助于工业化生产。

二是制度创新。药品审批严格。针对中药难以设计临床试验的特点，日本简化了注册中药的临床试验过程，使得经典名方相关产品可以直接上市。三是严格管理。日本将汉方制剂纳入医保，对产业链各环节十分重视，严格执行汉方 GMP 认证体系，加强对定性、定量指标以及等效性指标的检测监控力度。

五、现代农产品加工技术支撑体系

现代农产品加工技术支撑体系分为物理化学技术、生物技术和其他技术。农产品加工的关键技术主要有以下几种：一是自动分选技术，可以省人工，提高劳动生产率。二是超高压灭菌技术，较普通灭菌杀菌均匀、瞬时、高效，最大限度保留食品的原始风味和营养素。三是微波干燥技术，较自然干燥、热风干燥速度快，食品特性、香味、营养食品的成分损失较小。四是膜分离技术，利用"筛分"原理，采用具有选择性分离性能的材料，达到对不同分子量大小的溶质溶剂进行分离、浓缩和提纯。五是超临界萃取技术，即以临界温度、临界压力以上的超临界流体作为溶剂，将溶质从混合物质中萃取并分离开来。六是超微粉碎技术。这是一个借助机械设备，将物料颗粒快速粉碎至微米级的过程，是食品加工过程中物料前处理的关键技术，被国际食品业公认为 21 世纪十大食品科学技术之一。七是生物发酵技术，是在合适的 pH 值、阳光照射度、培养基等条件上，利用微生物的特点，并借助现代工程技术对微生物进行生产，从而培育出能够满足人类进行生产活动的物质，或是将微生物用于现代工业生产的一种技术体系。八是智能控制技术，用机器代替人，提高劳动生产率。九是副产品的综合技术，即循环利用，实现废物的综合利用。

（作者为中国农业大学农业规划科学研究所所长）

聚焦特色产业优势
推动集群发展 把忻州杂粮打造成
现代农业转型发展的支柱产业

裴 峰

山西是全国的杂粮优势区和主产区,种植面积1500多万亩,占全省粮田面积的40%;年产量30亿斤左右,占全省粮食总产量近1/4,杂粮的面积之广、产量之多、品种之丰,居全国之首,是名副其实的"小杂粮王国"。

忻州是山西优质杂粮的"黄金产区"。其独特的地形、多样的气候、良好的生态和悠久的历史,孕育了忻州杂粮品种多样、品质优良、营养健康的特色优势,特别是以谷子、藜麦、荞麦、燕麦、糜黍、红芸豆、甜糯玉米为主的杂粮产品享誉全国、蜚声全球,成就了"中国杂粮之都"的美誉。

一日三餐,五谷为养。近年来,随着生活水平的提高和消费理念的转变,人们的饮食观念已从"吃饱吃好"转向"吃得安全、吃得健康"。杂粮及其制品以其特有的营养、保健等功能特性和药食同源、相互融合的优势,越来越受到市场青睐,已成为营养健康时代百姓餐桌的宠儿。

面对日益旺盛的消费市场，如何把资源优势和产业优势转变成经济优势和市场优势，推动杂粮产业高质量发展，已成为重大的现实课题。目前来看，加工水平不高、优质产品不多、品牌影响不大、市场占有率不广这些亟待解决的问题不仅是我们的短板和弱项，更成为影响和制约忻州杂粮产业高质量发展的最大掣肘。集中体现在四个方面：

一是龙头不强。大多数农业产业龙头企业名为"龙头"，其实多为"蛇头"。全市339家农业产业化龙头企业，仅有一个国家级龙头企业，销售收入亿元以上的企业仅有11个，占比不到3%。

二是链条不长。过度依赖初级原料和初级加工产品，精加工、二次以上深加工比重较小，产品附加值低，带动力弱，经济效益和抗风险能力差。

三是品牌不亮。多数杂粮企业品牌意识不强、定位不准，在全国打得响的品牌不多。即便是少数叫得响的杂粮品牌，也由于小而全、杂而散，难以形成拳头产品。品牌影响力弱，市场竞争力差，制约了产业规模扩张和产品层次提升。

四是市场不活。从整体上看，农产品直销、批发市场建设相对滞后，农产品流通不畅，不能有效带动区域化、专业化生产。

习近平总书记视察山西时强调，山西山多地少、地貌多元、气候多样，这种独特的资源禀赋决定了山西农业的出路在于

"特"和"优"。总书记的重要讲话、重要指示为推动现代农业高质量发展指出了金光大道。紧扣习近平总书记重要讲话、指示精神，山西省委以强烈的政治自觉和历史担当，在精准把握全省农业产业"特""优"禀赋特点和传统农业向现代农业转变的阶段特征基础上，科学谋划、高位推动，实施了"打造农产品精深加工十大产业集群"的战略举措。我理解，产业集群的核心就是集约化、规模化、标准化、品牌化，总体思路是全产业链开发、全价值链提升、全政策链扶持，根本路径是以拳头产品为内核，以骨干企业为龙头，以园区建设为载体，以标准和品牌为引领，以现代农业科技为支撑。

按照山西省农产品精深加工十大产业集群的战略部署，忻州坚持"走绿色生态路、打特色优质牌"，把杂粮作为培育农产品精深加工产业集群的主攻方向和首要任务，从市场需求入手，聚焦产品形态，狠抓产业布局、基地建设、龙头培育、品牌创建、市场开拓、要素保障，真正把杂粮打造成现代农业高质量发展的支柱产业，示范、引领、带动全市中药材、肉制品、饮品（药茶）、酿品、保健食品（功能农产品）等产业集群成势、成功，奋力蹚出忻州现代农业高质量转型发展新路。

一是抓产业布局。立足县域区域优势和产业发展基础，坚持因地制宜、突出特色，全力打造杂粮产业十大片区。一是以西部神、五、岢为主的红芸豆主产区；二是以西部河、保、偏为主的糜黍杂豆主产区；三是以西部神、五、偏为主的杂交谷子主产区；四是以管涔山周边县为主的马铃薯主产区；五是以西部宁、静、神为主的燕麦主产区；六是以西部宁、静、神为主的豌豆蚕豆主产区；七是以西部静乐、东部繁峙为主的藜麦主产区；八是以代县、繁峙为主的黍子主产区；九是以东部六县盆地边坡丘陵为主的谷子大豆主产区；十是以东部忻定盆地和西部五寨川地为主的甜糯玉米主产区。形成具有忻州特色、符合资源优势和市场需求的杂粮生产格局。

二是抓龙头培育。产业的集群首先是企业的集群，企业成势，集群才能成型。重点扶持杂粮加工、销售龙头企业引进先进技术和设备，加强产品研发及精深加工，开发杂粮精品、富硒产品、保健食品等产品，努力提高产品质量和品位。鼓励杂粮加工企业打破区域、部门、所有制界限，融合资本和品牌等要素，打造一批具有较高知名度和市场占有率的优质品牌。大力发展"龙头企业＋合作社＋农户"经营模式，协调龙头企业与基地农户建立利益共享机制，促进产加销一条龙、贸工农一体化发展，全力推进杂粮产业提档升级。

三是抓基地建设。坚持园区引领。以"一县一业一园区"为抓手，每县建设以杂粮为重点的现代特色农业产业园区，引领全市杂粮产业规模化发展。坚持示范带动。全面实施杂粮高产示范创建活动。以县为单位建设一批规模化优质杂粮高产创建示范区和绿色增产模式攻关田，把示范区建设成为优质生产基地和新品种展示田、新技术示范田，带动全市杂粮生产水平的提高。坚持标准倒逼。以高产、优质、绿色为导向，按照不同作物和生态区域，制订完善与国家标准、行业标准相衔接的杂粮主要作物生产操作规程，完善质量安全追溯体系，实现主要杂粮作物生产有标可依、产品有标可检。加强"区块链溯源+"有机旱作示范基地建设，严格执行有机旱作种植技术标准，从田间到餐桌全程可视化，不断巩固和提升杂粮产品质量。

四是抓品牌创建。品牌化是农业现代化的标志。一是加强区域公用品牌建设。在已培育"忻州杂粮""忻味道"市级区域公用品牌和"五台斋选""静乐生活""粮裕五寨"等县域公用品牌及"心灵之舟""粮忻""晋稼"等企业品牌的基础上，持续强化品牌建设培育，制定运营管理办法，统筹抓好区域公用品牌市场运营、授权管理、标准控制及品牌推介，着力提升"忻字号"品牌含金量。二是积极创建十大特色杂粮之乡。在已获"中国杂粮之都""中华红芸豆之乡""中国藜麦之乡""中国亚麻油籽之乡""中国甜糯玉米之乡""中国甘甜红薯之乡"称号基础上，积极申报中国小米之乡、糜米之乡、黄米之乡、燕麦之乡、豌豆蚕豆之乡、马铃薯之乡等荣誉称号。三是持续加大"三品一标"认证力度。推动绿色食品、有机农产品、地理标志农产品认证，实现"一县一品一地标"。

五是抓市场开拓。以建设山西（忻州）杂粮出口平台和国家级忻州杂粮市场为核心，坚持国际国内、线上线下一体化实施，着力构建影响全球、覆盖全国、布局合理、功能齐全的现代杂粮营销体系。一是坚持国际国内市场开拓统筹推进。国际市场方面，按照省政府"南果中粮北肉"出口平台战略布局，建设集产品会展、交易、检测、仓储、加工、物流等功能于一体的山西忻州杂粮出口平台，打造全国重要的杂粮产品国际贸易平台。国内市场方面，坚持部省共建，打造集价格形成、信息共享、物流集散、科技交流、会展贸易、文旅体验六大中心于一体的国家级杂粮大市场。二是坚持线上线下交易平台同步建设。线上平台方面，大力实施"互联网＋忻州杂粮"行动，打造"市有商城、县有中心、村有网店"的杂粮电商营销网络。线下平台方面，注重加强县、乡、村杂粮流通市场配套建设，打造"市有大宗交易市场、县有大型集贸市场、村有田头市场"的杂粮交易流通体系。三是加强宣传推介。组织杂粮企业通过直播带货、展示展销等方式参与各种展会活动，借力窗口、借势平台，增加产品曝光率，扩大品牌知名度，讲好忻州杂粮故事，让"忻字号"品牌深入人心，让"忻字号"产品走进百姓餐桌。

六是抓要素保障。首先是强化政策扶持。在已出台"1+6+6"（1 个总体推进意见、6 个分产业实施方案和 6 个分产业行动计划）六大产业集群发展政策文件的基础上，紧贴工作进展，适时配套政策，树立明确导向，强化政策扶持。其次是强化资金保障。市、县每年安排引导性、奖补性资金，专门扶持产业集群发展的重点环节与薄弱环节，特别是在科技创新、产品研发、品牌打造等环节给予重点奖补。再次是强化科技支撑。加强与省内外高等院校和科研机构的交流合作，加快建立以应用为导向的创新研发体系，集中攻关一系列新品种、新技术，深度研发打造一批拳头产品，强力推动农产品精深加工产业集群往深里去、往精里做、往细里走。

　　高质量发展是当今时代最强的主旋律。让我们在习近平新时代中国特色社会主义思想指引下，在省委、省政府的坚强领导下，携手前行、并肩奋斗，共同书写践行新时代中国特色社会主义的"三农"篇章！

（作者为忻州市人民政府副市长）

一张蓝图绘出十大产业
百家龙头共创千亿目标

马向荣

习近平总书记在山西调研时强调，"山西山多地少、地貌多元、气候多样，这种独特的资源禀赋决定了山西农业的出路在于'特'和'优'"。为落实习近平总书记重要指示精神，楼阳生书记亲自安排布局了山西省农产品精深加工十大产业集群，并提出了全产业链开发、全价值链提升、全政策链扶持的"三全"思路和以拳头产品为内核，以骨干企业为龙头，以园区建设为载体，以标准和品牌为引领，以现代农业科技为支撑的"五为"路径，聚力打造十大产业集群。按照楼阳生书记、林武省长指示精神，以"三优三建两提升"（三优：优化政策体系、优化产业布局、优先发展骨干企业；三建：建项目、建基地、建品牌；两提升：提升产品创新研发能力、提升产业集群综合效益）为主要抓手，高位推进农产品精深加工十大产业集群发展，必将成为我省实施乡村振兴的新支撑、农业转型发展的新亮点和文旅融合的新载体。借此机会，我谨向大家介绍山西省农产品精深加工十大产业集群的发展背景和推进情况。

一、发展背景和重大意义

（一）建设十大产业集群是贯彻落实习近平总书记视察山西重要讲话重要指示的政治任务

近三年来，习近平总书记两次视察山西，都对我省农业农村工作做出重要指示，提出重大要求。发展农产品精深加工十大产业集群，正是楼阳生书记以强烈的政治自觉和历史担当，紧扣习近平总书记重要讲话重要指示，在精准把握全省农业产业"特""优"的禀赋特点、传统农业向现代农业转变的阶段特征、农业增产导向转向提质导向发展规律的基础上，深入思考、科学谋划提出的战略性举措。2019 年 7 月，楼阳生书记在全省攻坚深度贫困推进乡村振兴现场会上，首次提出发展农产品精深加工十大产业集群的设想。随后的省委经济工作会议、省"两会"、省委农村工作暨脱贫攻坚工作会议，都对十大产业集群做了专门部署。全省上下牢记习近平总书记殷殷嘱托，把十大产业集群建设作为践行"两个维护"的具体实践，努力蹚出一条山西现代农业高质量转型发展的新路。

（二）建设十大产业集群是推动农业实现"五个转变"的根本路径

楼阳生书记指出，"农业永远是朝阳产业，始终是基础性、安天下的战略产业"。当前，无论从产业结构、产品结构还是生产方式、经营方式看，我省农业总体还处于从传统农业向现代农业转变阶段。农产品精深加工产业链，一头连着市场，一头连着农民，前端联结着种养基地和广大农户，尾端联结着流通业和服务业，可以说农业加工程度决定了农业增值程度、农民富裕程度和农业现代化程度。通过聚力打造十大产业集群，对上游可以倒逼种养基地扩大规模、提升标准，对下游可以促进生产适销对路的高品质农副加工产品、促进流通业和服务业发展，贯通上下、接"一"连"三"，推动农业实现"五个转变"，即由生产型向市场型转变、粗放型向集约型转变、家庭型向融合型转变、数量型向质量型转变、"靠山吃山型"向"两山理论型"转变，全面提高农业创新力、竞争力和全要素生产率。

（三）建设十大产业集群是打造高质量转型发展支柱产业、富民产业的关键支撑

乡村产业振兴的出发点和落脚点是兴农惠农富农。发展农产品精深加工十大产业集群，可以搭建起千家万户农民与千变万化市场之间的桥梁，使农户与企业之间的利益联结更加紧密，让他们搭上现代农业发展的快车，分享加工销售环节的增值，共享更多发展红利。

二、十大产业集群推进情况

截至目前，山西省十大产业集群建设各项工作起步良好，进展顺利。参与十大产业集群建设的农业企业有945家，其中省级以上龙头企业311家。到2020年9月底，全省农产品加工业产值完成1580亿元，其中农产品精深加工十大产业集群实现

产值 596 亿元，分别占全年任务 2100 亿元的 75% 和 820 亿元的 73%，均比上年同期增长 4% 左右。重点项目储备库已收集项目 436 个，开工项目 410 个，开工率 94%；已完成投资 140 亿元，占到计划年度投资 175 亿元的 80%。到"十四五"末，全省农产品加工业产值有望超过 3000 亿元，十大产业集群产值将超过 1200 亿元，社会资本当年投入十大产业集群项目超过 220 亿元。

酿品产业集群：以高粱、黍米、葡萄、山楂等杂粮和水果资源优势为依托，重点打造白酒、黄酒、红酒、果酒、食醋等产品。参与酿品产业集群建设的农业企业有 97 家，其中省级以上龙头企业有杏花村汾酒集团、水塔醋业、紫林醋业等 31 家。2020 年集群产值预计可达到 220 亿元，"十四五"末产值将超过 300 亿元。

饮品产业集群：以连翘、沙棘、苹果、梨等中药材和水果资源优势为依托，重点打造山西药茶、果汁等产品。参与饮品产业集群建设的农业企业有 143 家，其中省级以上龙头企业有振东制药、厦普赛尔等 16 家。2020 年集群产值预计可达到 70 亿元，"十四五"末产值将超过 100 亿元。

乳品产业集群：以雁门关农牧交错带为依托，结合省内藜麦、红枣、海红果等特色杂粮和鲜干果资源优势，重点打造巴氏消毒奶、UHT 奶、奶粉和特种口味酸奶等产品。参与乳品产业集群建设的农业企业有 57 家，其中省级以上龙头企业有古城乳业、九牛农业等 15 家。2020 年集群产值预计可达到 75 亿元，"十四五"末乳品总产量将超过 150 万吨，产值将超过 100 亿元。

主食糕品产业集群：以省内小麦、小米、荞麦等主粮和杂粮资源优势为依托，重点打造传统主食、烘焙食品、方便休闲食品、杂粮食品等产品。参与主食糕品产业集群建设的农业企业有191家，其中省级以上龙头企业有海玉园食品、蓝顿旭美、沁州黄集团、龙首山粮油、东方物华等82家。2020年集群产值预计可达到30亿元，"十四五"末目标产值将超过50亿元。

肉制品产业集群：以省内猪肉、鸡肉、牛肉、羊肉等畜禽资源优势为依托，重点打造分割肉、熟肉、膳食产品、快餐食品、方便休闲食品等产品。参与肉制品产业集群建设的农业企业有195家，其中省级以上龙头企业有大象农牧集团、平遥牛肉、金沙滩羔羊肉业、凯永养殖等100家。2020年集群产值预计可达到210亿元，"十四五"末产值将超过300亿元。

果品产业集群：以省内苹果、梨、红枣、核桃等鲜干果资源优势为依托，重点打造休闲干果、罐装水果、果脯蜜饯等产品。参与果品产业集群建设的农业企业有146家，其中省级以上龙头企业有维之王食品、山西天之润枣业有限公司、野山坡食品等63家。2020年集群产值预计可达到110亿元，"十四五"末果品总产量将达到1400万吨，产值将超过180亿元。

功能食品产业集群：以省内杂粮、鲜干果、中药材资源优势为依托，重点打造功能性油脂、功能性杂粮、功能性林果等产品。参与功能食品产业集群建设的农业企业有47家，其中省级以上龙头企业有振东五和健康食品、山西天之润枣业有限公司、沁州黄集团等21家。2020年集群产值预计可达到35亿元，

"十四五"末产值将超过 50 亿元。

保健食品产业集群：以省内中药材、新食品原料资源优势为依托，重点打造增强免疫力、辅助降血脂等特定保健功能的保健食品和营养素补充剂。参与保健食品产业集群建设的农业企业有 18 家，其中省级以上龙头企业有琪尔康翅果油生物制品 1 家。2020 年集群产值预计可达到 6 亿元，"十四五"末产值将超过 10 亿元。

化妆品产业集群：以省内丰富的动植物资源优势为依托，重点打造人源胶原蛋白、中草药化妆品等产品。参与化妆品产业集群建设的企业有锦波生物、纳安生物等 10 余家。2020 年集群产值预计可达到 1.5 亿元，"十四五"末产值将超过 10 亿元。

中医药品产业集群：以省内连翘、柴胡、潞党参等中药材资源优势为依托，重点打造中药饮片和中成药等产品。参与中医药品产业集群建设的农业企业有 98 家，其中省级以上龙头企业有振东制药、亚宝药业、广誉远国药等 20 家。2020 年集群产值预计可达到 60 亿元，"十四五"末产值将超过 100 亿元。

三、下一步工作计划

我们将继续学习贯彻习近平总书记视察山西重要讲话重要指示，落实省委十一届十次全会精神，围绕"三优三建两提升"，大力实施"农产品走出去、大企业引进来"策略，谋划一批"六新"项目，创新 2021 年龙头企业扶持政策，加快推进十大产业集群建设，确保年底顺利实现产值超过 820 亿元的目标任务。

一要优化政策体系。在省政府印发的《关于加快推进农产品精深加工十大产业集群发展的意见》和农业产业化领导小组办公室印发的《十大产业集群分产业推进计划》的基础上，加大各项政策落实力度，督促各市出台配套政策，为十大产业集群发展厚植政策土壤。

二要优化产业布局。在已编制完成全省十大产业集群布局地图的基础上，抓紧起草《山西省"十四五"农业现代化三大省级战略、十大产业集群培育及巩固脱贫攻坚成果规划》，进一步明确每个集群的布局规划、骨干企业、主打产品、重点园区和原料生产计划。

三要优先发展骨干企业。进一步落实省政府扶持农业产业化龙头企业发展若干政策，在2020年下达1.3亿元扶持龙头企业专项资金的基础上，计划2021年拿出4亿元，重点对十大产业集群重点项目予以支持，引导社会资本投入十大产业集群。同时，谋划在近期举办国内知名农业企业来晋投资洽谈会，力争全年引进国内知名农业企业超过50家，吸引投资超过120亿元。

四要强化重点项目建设。坚持"项目为王"要求，不断更新完善十大产业集群重点项目储备库，对入库项目实行"清单化、动态化、标准化"管理，协调解决项目建设过程中遇到的困难和问题，为扶持重点项目提供依据，确保重点项目及早竣工并达产达效。

五要强化基地园区建设。引导各类生产要素向基地集中，扩大种养基地规模，主要农产品全年总产量力争完成或超额完成年度目标任务。做好4个国家级现代农业产业园（太谷、万荣、隰县、平顺）的创建和指导服务工作，聚力打造60个省级现代农业产业园，累计入园农业企业超过1400家，其中国家级企业超过10家，省级企业接近80家。

六要强化品牌建设。按照"区域公用品牌＋企业产品品牌"的双轮驱动模式，全年重点打造"山西药茶""山西陈醋""山西玉露香梨""山西核桃"4个省级区域公用品牌，"大同黄花""上党党参"等6个市级区域公用品牌；借助"中国农产品加工业投资贸易洽谈会"等展会平台宣传一批知名企业品牌。统筹制定特色品牌建设规划和培育计划，全年累计认证"三品"超过1600个，登记保护农产品地理标志5个，努力实现"一县一品一地标"的发展水平。

七要提升创新研发能力。加快起草《全省"三农"领域推进"六新"实施方案》，推动实施一批"农业六新"项目。持续加大对山西农谷的支持和建设力度，依托国家农高区科创基地，落实农谷与中国农科院、湖南农大等单位签订的战略合作框架协议，努力打造国际一流特色创新团队，为十大产业集群实现"六新"突破强化智力支撑。

八要提升集群综合效益。在已经认定90个农业产业化省级示范联合体基础上，继续按照《农业产业化省级示范联合体认定和监测暂行办法》要求，加大对联合体的创建和培育力度，持续延长集群产业链条，促进产业优化升级，把"小而散、小而全"农户经营引向标准化、专业化、规模化的现代农业发展轨道，进一步密切农户与龙头企业的利益联结关系。

（作者为山西省农业农村厅乡村产业发展处处长）

山西食醋行业发展前景与机遇

王勇亮

一、全国食醋行业发展情况

（一）市场情况

我国食醋总产量已超 400 万吨，全国食醋生产企业有
6000 多家。其中，品牌企业的食醋产量仅占约 30%，区域、
作坊企业约占 70%。从地域分布来说，山西的总产量居于全
国之首。各地区对食醋的风味要求不尽相同，食醋行业的区域
性十分明显。活跃在市场上的食醋产地以山西、四川、山东及
江苏（镇江）、天津等地为主。我国食醋行业 CR5 不足 15%，
总体趋势是北多南少，全国人均年消费在 8 斤以上。而日本和
德国的食醋行业 CR5 基本在 60%—80%，说明我们行业的集
中度不够。

（二）品牌现状

从区域分布上来说，呈现点状分布的格局，区域性品牌各
霸一方。品牌主要有：江苏恒顺，山西水塔、紫林、东湖，北

京龙门，四川保宁，天津天立，河北珍极，上海宝鼎，山东玉兔，青岛灯塔等。从口感差异化来说，区域化口味差异较大，地方特色食醋产品较多。从品牌占有率来说，华东五省以镇江香醋为主，其占有率达 70%；山西陈醋覆盖全国 18 个省份的市场，是全国市场消费认知度最高的品牌。其他地域性品牌因其规模小、受众人群少未形成品牌优势。从 2020 年中国品牌网食醋行业的十大品牌排行榜看，第一是江苏的恒顺，从第二到第五分别是山西的东湖、水塔、紫林和宁化府。从这个品牌排行榜来看，山西的品牌在食醋行业占有比较高的份额。

二、全国食醋行业竞争格局

（一）食醋行业竞争格局

目前，食醋行业竞争格局大致形成了 4+N（两个层次）、双梯队格局。4+N，"4"是指以山西、福建、江浙、四川的四大名醋为主的区域强势品牌，代表性企业有恒顺醋业、山西醋业（东湖、水塔、紫林等）、保宁醋、千禾味业等。这些企业的产品均具地方特色，产品质量上乘，在销售网络上已突破了单一的地方限制。"N"是指中小规模工厂或作坊式的企业，销售覆盖的半径较小。双梯队格局，第一梯队以山西、福建、江浙、四川的四大名醋为主，第二梯队就是中、小规模工厂或作坊。

（二）"四大名醋"产品对比

由于酿造工艺和消费的不同，形成了具有代表性的"镇江香醋""山西老陈醋""四川保宁"和"福建永春红醋"这中国四大名醋。比如，镇江香醋，原材料为糯米等，工艺为传统固态发酵；山西老陈醋，原材料为高粱等，工艺为熏醅技术，突出陈酿，生产周期长；四川保宁醋，原材料为麸皮、中药等，采用药曲酿制；福建永春红醋，原材料为糯米、芝麻等，采用传统工艺，精制陈酿三年以上。"四大名醋"均为区域性强势品牌，由于酿造工艺不同，"四大名醋"产品均具地方特色，且产品质量上乘，目前在销售网络上均已突破了单一的地区限制。

（三）食醋市场集中度分析

全国6000多家醋企每年食醋总产量高达400万吨，但年均产量超过10万吨的企业仅恒顺、水塔、紫林3家，只有7家醋企产量达到了5万吨以上。食醋行业内缺乏全国性品牌，多为区域性、作坊式企业。6000多家企业中，品牌企业产量仅占30%，其他作坊式小企业占70%。不同区域对食醋的不同口味诉求导致行业集中度较低，整个食用醋市场呈极其分散的市场竞争态势，恒顺销量排名第一，市场占比为4%左右，前四大企业全国市场占比也才14%左右。与酱油行业相比，食醋行业的市场集中度明显较低，远不像酱油类（海天占比为16%）和腌菜类（涪陵榨菜占比为15%）那样有突出的龙头，市场竞争结构相对清晰。可以说，食用醋领域全国6000家的厂家，没有一个全国性质的优势级别龙头。

三、山西食醋行业发展状况

（一）发展现状

1.历史传承

山西省以老陈醋为代表的食醋产品有着 3000 多年的历史。根据史料记载，晋阳（今太原）是中国食醋的发源地，公元前八世纪晋阳已建有醋坊。山西老陈醋是中国四大名醋之一，素有"天下第一醋"的盛誉，以色、香、醇、浓、酸五大特征著称于世。因其独特的风味，在我国东北、西北、华北、中南和西南地区具有很强的消费惯性和潜在的消费群体。

2.产业布局及生产规模

2018 年在全国百强前 10 名食醋企业（恒顺、紫林、水塔、海天、保宁、天立、东湖、千禾、岐山、珍极）产量 116.6 万吨中，紫林第 2（18.3 万吨），水塔第 3（15.7 万吨），东湖第 7（5.3 万吨），占到百强产量 164.9 万吨的 70.7%。山西省酿品产业历经多年发展，模式相对成熟，形成了较为清晰的区域布局。全省具有生产许可证的食醋企业超过 120 家，省内 80% 食醋产量分布在太原市，其次是晋中市、吕梁市。2019 年，山西食醋产量以年产 90 万吨居于全国首位。其中，清徐食醋年产规模达到 70 万吨，销售收入约 60 亿元，产量占全省的 80% 以上，占全国的 20%，是全国最大的食醋生产基地。

3.品牌发展

我省有水塔、东湖、紫林、宁化府、山河、四眼井等品牌，食醋品牌多于其他省市。

（二）存在的主要问题

一是食醋产业规模小，行业集中度相对低下，影响了企业和行业的竞争力。山西是醋的生产和消费大省，全省食醋实际产量达 90 万吨，列全国产量之首。食醋企业数量多，分布面广，但规模小，缺乏抵御市场风浪的能力和参与国际竞争的能力，是产业面临的主要问题。

二是没有全国性质的优势级别龙头企业。山西老陈醋具有数千年的历史，大小食醋生产厂有 1000 多家，没有全国性质的优势级别龙头企业，缺乏大规模、兼具渠道与品牌优势的大企业来提高行业集中度，引领当下的行业走出价格战的泥潭。

三是市场竞争加剧导致竞争秩序混乱、假冒产品不断出现。许多企业降低产品价格，压低本来就不高的利润甚至亏本销售的非正常行为，导致我国食醋产业竞争秩序混乱。山西陈醋名声远扬，不少不法厂商便制售假冒伪劣的产品，并以低价倾销，市场上标注“山西陈醋”或“山西老陈醋”字样的食醋产品，并不全是山西企业生产的，这就扰乱了食醋行业正常的市场秩序，损害了消费者的利益和山西陈醋在市场上的声誉。

四是技术落后、科研投入不足的局面没有彻底改变。第一，酿造技术和装备较落后，传统山西醋生产主要是用缸、坛、桶、锅，这种落后的装备和生产方式造成产业集中度低，产品不能多元化生产。第二，企业缺乏创新机制、高新技术利用率低等因素，严重制约了山西醋的发展。第三，从事食醋科研开发的人员短缺，研发投入极少，影响醋业技术水平的提高。

五是醋文化的挖掘力度和品牌宣传力度不够。许多醋企的产品至今仍处于自然销售状态，缺乏利润支撑又使得企业难以拿出足够的资金打造品牌。食醋企业应在保证产品质量的前提下，扩大企业规模，加大科技投入力度，加大对醋文化的挖掘力度和品牌宣传力度，加速食醋企业集团的扶持和壮大，发挥资源优势，提高竞争能力，从而促进食醋产业的健康、有序发展。

四、山西食醋行业发展前景及机遇

我们山西人经常讲手握两瓶，一瓶是酒，一瓶是醋，这是山西老祖宗留给我们子孙后代的宝。2009 年，山西省直有关部门联合制定出台《关于促进山西醋产业加快发展若干意见的通知》（即"醋八条"），促进山西醋产业加快发展。2020 年 2 月，省政府出台了《关于加快推进农产品精深加工十大产业集群发展的意见》，酿品产业集群居首。

构建区域公用品牌。近年来，山西省政府、省农业农村厅、太原市政府大力推进山西陈醋品牌建设，通过非遗申报、醋文化产业园打造等来抢占品牌战略高地，成功将陈醋酿造技艺申报"国家级非物质文化遗产"，并且以历史文化元素为基点，以旅游文化发展为先导，打造国内首家醋文化产业园，成为弘扬山西醋文化、传承酿醋工艺的"亮丽名片"。我们要以品牌建设为抓手，唱响"天下第一醋"的美誉；要根植山西地域资源与酿造工艺，抢占品牌战略高地。

突出产品特色风格。山西陈醋的独特性主要体现在：一是原料独特。其他食醋多以糯米或麸皮为原料，以小曲（药曲）、麦曲或红曲为糖化发酵剂，用曲量较少。山西陈醋原料以高粱为主，使用大麦、豌豆大曲为糖化发酵剂，用量配比较高，原料具有独特性，营养成分较全，特别是蛋白质含量较高，含有多种氨基酸，有较好的增鲜和融味作用。二是曲质优良。山西陈醋大曲中微生物种类丰富。其他食醋使用的小曲主要是根霉和酵母，麦曲主要是黄曲霉，红曲主要是红曲霉，上述微生物种群在红心大曲中都能体现，而红心大曲中的其他微生物种群在上述曲种中都未能得到体现，使得山西陈醋形成特有的香气和味道。三是熏醅工艺。熏香味是山西陈醋的典型风味，熏醅是山西陈醋的独特工艺，可使山西陈醋的酯香、熏香、陈香有机复合。同时熏醅也可获得山西陈醋的特殊色泽，与其他食醋相比，不需外加调色剂。四是突出陈酿。镇江香醋、四川保宁麸醋等均以醋醅陈酿代替新醋陈酿，唯有山西陈醋是以新醋陈酿代替醋醅陈酿。陈酿过程中酯酸转化、醇醛缩合，不挥发酸比例增加，使山西陈醋陈香细腻、酸味柔和。

悠悠岁月，沧桑巨变，山西陈醋历经风雨数千年，其味更浓，其名更盛。山西醋产业在保护好"山西陈醋"品牌的同时，要提高品牌的含金量，塑造"山西陈醋好，好醋在山西"的品牌新形象。

（作者为山西省食品研究所所长）

分论坛三

绿色兴农国际比较

欧盟农业生态补偿
及其对我国绿色发展的启示

高尚宾

一、欧盟农业生态补偿政策措施

（一）欧盟农业概况

欧盟有 28 个成员国 5 亿消费者 1200 万农民，超过 3/4 的领土是农用土地或林地。农业及食品行业占欧盟 GDP 的 6%，提供了 4600 万个工作岗位。

（二）共同农业政策

欧盟共同农业政策是在欧共体的基础上形成的，它是欧共体的两大支柱之一（另一支柱为关税同盟）。它由一整套规则和机制所组成，是欧盟最重要的共同政策之一，主要目的是用来规范欧盟内部农产品的生产、贸易和加工。共同农业政策的最大特点是：对内实行价格支持，对外实行贸易保护。

1. 共同农业政策的目标

促进技术进步，提高农业劳动生产率；增加农民收入，保证农民合理的生活水平；稳定农产品市场，保证供应的可靠性；保护生态环境和动物生存环境，保证食品安全；进行农业结构调整，促进农村经济和社会全面发展。其中第4条与我国相比，是最突出的。我们的食品安全主要是采取检测手段，他们当今更主要的是从源头、生产过程和加工等全产业链来管控。

2. 共同农业政策的原则

欧共体为了协调成员国之间的利益，制定了三条必须共同遵守的原则：共同体市场统一原则、共同体优先原则、价格和预算统一原则。因为欧盟的每个国家大小不一，就单个农产品来说，每个国家生产出来的农产品自己不一定消费得完，很大程度上要外销，所以他们对外要保护、对内要配额。

欧盟的政策可分成两个阶段，第一阶段为1945年"二战"结束至1985年的农业政策，主要以农业价格支持为核心，提高农业生产率，但导致生产过剩、财政预算过重、补贴分配不公、环境污染、与美国等贸易摩擦和纠纷增加等问题。第二阶段为1985年以后，不断调整补贴政策，核心是通过将农业生产补贴变为农业生产者的补贴，使补贴与产能挂钩，与面积挂钩，到最后和资源环境保护挂钩，也就是必须达到规定的环保要求，才能拿到补贴。欧盟共同农业政策，从增产导向到绿色生态导向转型，农业的绿色发展能力大幅增强。

（三）农业资源环境保护一体化的政策措施

一是污染者付费原则（健全的法律法规，强制性要求）。二是提供者获补偿原则（为自愿承担法律规定之外的环境义务提供经济补偿）。三是良好农业规范（GAP）（良好农业规范构成了对农民的基本要求，从土壤和水管理、粮食和饲料生产、植物保护、收获和加工、废弃物处理等 10 个方面对生产过程进行了规范）。四是交叉达标原则（反面激励）。五是农业生态补偿（正面激励）。

二、对我国农业绿色发展的启示

将生态环境优势转换成农业增效、农民增收、农产品安全是今后的发展方向，是实现绿水青山就是金山银山的必然要求。我们需要重点打造"七个一批"：

（一）编制一批发展规划

依据国家《乡村振兴战略规划 (2018—2022 年)》提出本地区乡村振兴总体规划。在此基础上，做好生态农业产业发展规划和农业资源环境保护专项规划，因地制宜按照生态、生活、生产空间融合发展理念，将各具特色的生态农业发展规划融入乡村振兴总体规划中。在生态农业规划内容上要把种植业、养殖业、工商业和农田、村镇、能源等建设密切结合起来，把发展农村经济同保护生态环境结合起来。同时，对一定范围的生态农业建设的近期、中期与长期的高效、持续、稳定、协调发展做出战略部署，提出具体目标任务和发展对策。

（二）出台一批绿色发展政策

2016 年 11 月 1 日，中央深改领导小组第 29 次会议审议通过了《建立以绿色生态为导向的农业补贴制度改革方案》；同年

12月19日，财政部、农业部联合印发了《建立以绿色生态为导向的农业补贴制度改革方案》。目前国内对区域生态补偿、林业和草地生态补偿研究比较多，政策也比较成功。但对种植业、养殖业以及生态循环农业、农田生物多样性保护，以提高农业资源利用效率、促进农业绿色发展、保障农业产能为目的的农业生态补偿政策很少。建议开展农业生态补偿试点，实行农民承诺—与政府签约—监督检查—补贴的方式。

（三）培育一批生态产业

开发各种绿色投入品，如生态化地适应各种品种的有机肥，生物农药、制剂，节约型的新品种开发等。开发各种清洁生产设备，如与生态种植业、养殖业相适应的机具、设施，节水、节肥、节地设施，土壤污染修复治理的产品等。开发各种安全的农产品加工装备，如后加工、包装、检测等设备等。

（四）发展一批生态农场

为了满足大多数城乡居民对美好环境的向往、对放心食品的追求，我们需要抓住"关键的少数"，实行"龙头"绿色消费带动，要打造种植业、养殖业、农田景观相结合的生态农场以及企业、合作社、大户等。

（五）壮大一批生态农庄

带动观光农业、乡村旅游，带动健康、养老产业发展，拓宽农民增收渠道，建设生态宜居的美丽乡村。

（六）培养一批生态农民

培养一批具有农业生态环境保护意识的农民，培养一批掌握农业生态环境保护技术的农民，培养一批懂得生态农场经营的职业农民，培养一批既了解农业、农村、农民，又了解市民对生态、食品安全的需求，还会利用现代信息技术营销的职业经理人。

（七）建立一条全产业服务链

充分借鉴和发挥共享经济的优势，建立与生态农场相关的产地环境状况、生态技术产品、农产品溯源一体化的综合信息平台，建立一批产业联盟，推动有机肥料、生物农药、生产机具、生物多样性产品、安全（有机）食品加工等产业发展，开展第三方的监测、预警信息公开、生产者和消费者服务、违法违规披露，建立和完善行业规范。

（作者为农业农村部农业生态与资源保护总站副站长）

以消费引领和数据驱动
推进乡村产业绿色发展

金三林

实现高质量发展、创造高品质生活、构建新发展格局，是新时期我国经济工作的鲜明主题。乡村产业绿色发展，是经济高质量发展的题中应有之义，是创造高品质生活的重要内容，也是畅通国内大循环、形成强大国内市场的重要举措。新时期推进乡村产业绿色发展，要继续落实好供给侧的各项政策举措，并科学把握我国向高收入国家迈进的阶段特征，牢牢把握数字化转型的时代大潮，积极借鉴先行国家的有益经验，更加注重消费引领和数据驱动。

一、消费引领：我国正在进入绿色消费引领绿色发展的新阶段

产业转型升级和绿色发展，需要政府在制度环境、基础设施、市场监管等方面发挥积极作用，但归根结底还是要靠市场，只有绿色产品和服务的价值得到消费者接受并在市场中实现，才能真

正实现这种转型。而新技术的应用往往会加速这一进程。从欧美、日韩等国家的经验来看，农业绿色转型是一个长期过程，但在国家进入高收入阶段或接近高收入阶段时，转型明显加快。因为这一阶段，收入水平提高、恩格尔系数下降（一般低于30%）、城镇化水平提升（一般超过60%），居民的健康意识、环保意识显著增强，对绿色优质农产品和食品的消费快速增长，进而形成强大的绿色消费需求，引领农业绿色转型和可持续发展。从长期发展视野来看，我国正在进入绿色消费引领农业绿色发展的新阶段。

我国人均GDP突破1万美元，正在进入绿色消费加快增长阶段。2019年我国人均GDP达到1.03万美元，大致相当于世界平均水平的90%。根据世界银行最新标准，人均国民收入（相当于人均GDP）超过12375美元，就是高收入国家，预计我国将在"十四五"末进入高收入国家行列。这一过程中，中高收入群体消费结构升级、消费质量提升、环保意识增强，将会显著带动绿色消费的增长，并在政府绿色发展政策的激励约束下，倒逼和促进生产端的绿色发展。

我国城乡居民消费恩格尔系数下降到30%以下，食物消费结构会加速升级。2019年我国居民消费恩格尔系数为28.2%，其中城镇为27.6%，农村为30%。农村居民消费恩格尔系数首次下降到30%，具有很强的指标意义。目前，我国食物消费结构大体上相当于日本20世纪80年代、韩国20世纪90年代水平，从这两国发展趋势来看，未来一个时期我国绿色优质农产品和食品的消费将保持较快增长。

我国城镇化率超过 60%，城市对乡村产业绿色发展的拉动作用会更加突出。2019 年我国城镇化率为 60.6%，城镇居民消费占居民总消费的比重上升到 76.4%。从先行国家发展经验看，我国还将有 10 年到 15 年城镇化较快发展期，到 2025 年城镇化率有望提高到 65% 以上，2035 年提高到 75% 以上。这一进程将从两个方面拉动乡村产业绿色发展。一是城市人口增加以及都市圈加快形成，将使消费更加集中，城乡之间的连接性更强，加快带动绿色优质农产品进城。二是从国际经验看，这一阶段城乡人口双向流动会加快，进而推动城市消费下乡，乡村旅游、文化体验、健康养生等绿色消费将加快与乡村生态优势融合，推动乡村产业绿色发展。

我国独有的超大规模经济体优势，为乡村产业绿色发展提供了巨大市场空间。我国人口已过 14 亿，超过全球高收入国家人口总和（10 亿人），国土面积比印度大，市场统一程度比欧盟好，巨大的内部市场为新技术、新产业、新产品的发展提供了独一无二的市场环境。我国中等收入群体超过 4 亿人，未来这一规模还将扩大，为绿色优质农产品和乡村优质服务提供了巨大市场。而且，我国地区之间发展不平衡，消费需求层次多，即使在小众消费时代，每个具体产品也可能有庞大的细分市场。

二、数据驱动：数字化转型大潮将会大大加速乡村产业绿色发展

绿色产品和服务的价值要得到消费者接受并在市场中实现，

必须解决好三个问题：第一是消费认知，让消费者知道某个地方有好产品；第二是消费信任，让消费者能判定自己购买的确实是好产品；第三是消费便利，能让消费者安全便捷地获取购买的产品。移动互联网、物联网、区块链、大数据、人工智能等数字技术，能很好地解决这些以前非常棘手的问题。

移动互联网的普及能有效促进消费认知。我国有9亿多网民，大多数使用移动互联网。抖音、微信等社交媒体的普及，直播带货、云逛街等数字化营销手段的发展，能扩大老品牌的市场影响力，也能很快建立新产品的市场影响力，网红产品、网红餐厅、网红品牌对农产品销售的影响越来越大。

区块链技术的应用能有效促进消费信任。区块链就相当于一个共享数据库或公开的记账本，具有不可伪造、全程留痕、集体维护等特征，为"重构市场信用"提供了一种全新方案。如一些电商平台、保险公司在养殖业探索区块链技术应用，通过区块链技术给每头牛一个"电子身份证"，用物联网采集实时信息，每头牛的生长、健康、防疫、屠宰加工、产品物流等全流程信息都会上区块链，实现了肉牛及肉制品信息的连续记录。消费者扫描产品包装上的二维码即可看到所有相关信息，包括产地环境、养殖时间、用药情况、加工情况、食品质量检测结果等。由于区块链的信息是第三方客观记录，公开透明，无法被篡改，因而比一般的二维码技术更可靠，更能建立消费者信任。

数字供应链、电商平台、O2O新零售等技术能有效实现消费便利。这些技术通过对生产、包装、冷链、存储、销售的全链路数字化运营管理，大大缩短了从地头到消费者餐桌的中间环节，不仅节约了时间，也让产品的新鲜度得到有效保证。

同时，数字化也通过对供应链的逆向改造促进生产端的绿色发展。比如，通过大数据精准分析和了解消费者在产品品质、质量标准及生产要素方面的需求，并向产业链上游传导，把传统农业变成数字化订单农业、标准化农业，促使农产品生产规范有序。通过人工智能、物联网、智慧农机等做到精准施肥、用药、灌溉，实现减量化发展。还能通过数字渠道的反馈意见，更好地塑造绿色优质农产品的产品品牌、区域公用品牌，提升市场美誉度、忠诚度，进而通过品牌溢价促进绿色生产。

三、多措并举：以消费引领和数据驱动推进乡村产业绿色发展

新时期推进乡村产业绿色发展，要继续落实好《国务院关于促进乡村产业振兴的指导意见》《关于创新体制机制推进农业绿色发展的意见》等文件提出的各项政策举措，理顺水资源等要素价格，加强政府对生态环境、食品安全的监管。同时，科学把握我国向高收入国家迈进的阶段特征，牢牢把握数字化转型的时代大潮，积极借鉴先行国家的有益经验，更加注重消费引领和数据驱动。

健全绿色消费的政策激励机制，推动形成强大国内绿色消费市场。从国际经验看，政府主要通过经济激励、公众教育、

建立绿色标准和标识、政府采购等举措来促进绿色优质农产品和食品消费。在经济激励方面，可参照节能产品消费补贴政策，对绿色优质农产品和食品消费给予补贴。在公众教育方面，要开展多层次、全民性、开放性的环境教育，宣传绿色消费理念，普及绿色消费知识，增强全社会的绿色消费意识。在建立绿色标准和标识方面，要完善农产品质量分级制度，规范"两品一标"等认证认可管理，强化品牌管理和市场监管，通过优质优价的质量信号引导经营主体提升绿色生产水平。在政府采购方面，可考虑在脱贫攻坚战胜利完成后，将消费扶贫向绿色优质农产品采购转型，引导欠发达地区发展绿色农业。

坚持农业绿色发展与乡村绿色发展并重，依托美丽乡村发展绿色经济。一方面，要深度发掘乡村的生态价值，有序推进乡村生态产业化。鼓励发掘乡村的生态涵养、休闲观光、文化体验、健康养老等生态功能，吸引城市消费下乡，利用"生态+"模式，推进生态资源与旅游、文化、康养等产业融合。另一方面，要大力推动乡村产业生态化。在增量上，要建立乡村产业环境准入负面清单和绿色发展分类综合评价制度，严控污染下乡；在存量上，要加快现有乡村企业绿色改造升级，完善乡村环境基础设施，优先在乡村旅游集散地开展人居环境整治，促进乡村旅游业向生态旅游转变。

优先加快区块链场景的开发和应用，以新技术构建市场信任机制。在山西晋中等农业产业化发展比较成熟的地区，选择若干典型产业链进行示范。依托专业的区块链技术服务机构，用区块链技术实时记录产地环境、生长状况、用药用肥、生产加工、认证认可、质量检测等信息。同时与销售渠道对接，实现产品质量追溯；与金融机构对接，为普惠金融、绿色金融提供信用支持；与政府部门对接，方便执法和监管；与生态保护对接，促进产地环境保护与修复。

开展"数字＋绿色＋供应链"示范工作，探索绿色消费引领农业绿色发展新机制。可借鉴一些数字化平台企业和乳业企业的做法，通过数字＋新零售、数字＋冷链物流、数字＋标准化生产，实现数据在供应链无缝衔接，对整个供应链实行精准管理，实现绿色消费和绿色生产的相互促进。由于流通环节数字化已比较成熟，可把示范重点放在生产环节。围绕节水、节药、节肥、废弃物资源化利用、产地环境修复等重点工作，综合采用遥感、物联网、大数据、人工智能、区块链等数字技术，建设数字化绿色生产基地。现在各部门推动的单项农业数字化试点示范已不少，下一步的示范工作重点可放在两个方面：一是集成，把生产端、供给侧的所有行为数据化并实时共享；二是嵌入，把生产端、供给侧的所有数据嵌入供应链，实现数据全链条开放流动。通过这种集成、嵌入式的示范工作，共享数据、分析数据，通过数据管理精准促进资源节约、环境友好和生态安全。

（作者为国务院发展研究中心对外经济研究部副部长）

日本农业的新趋势及农业绿色发展

穆月英

日本和中国农业发展面临着一些共同性课题，诸如在农业经营规模总体偏小的前提下如何保证农业生产的比较利益，保障居民对农产品的需求前提下如何促进农业的可持续发展。

下文在对日本农业发展的新趋势进行分析的基础上，探讨日本农业绿色发展的做法和成效，借鉴日本农业绿色发展经验，并提出促进我国农业绿色发展的对策和政策建议。

一、日本农业发展的新趋势

1. 农业基本特点

从日本农业供给和农业经营变动的基本态势来看，日本农户家庭经营的劳动力数量减少，经营者高龄化现象越来越严重，农户家庭经营中 65 岁以上的劳动力占比接近 70%，农业后继乏人。农户中兼业农户比重也在波动中上升，2019 年兼业农户占比高达 78.8%。农业经营者（经营体）、农业法人等劳动力不断增加，农业收入保险等政策逐渐向经营体倾斜。农业经营规模呈现扩大趋势，经营体和农户户均种植面积不断增加。食物自给率降低——按热量和金额换算的食物自给率都在降低。

2. 农业产业结构发生变化

日本农业产值在 1984 年达到最高值，之后不断下降。2010 年出现转机，近几年随着大米、蔬菜、牛肉类等需求因素的拉动，农业产值又有所增加。从结构来看，2018 年，稻米占 19.2%、蔬菜占 25.6%、畜牧业占 35.0%，其他合计不到 10.0%，稻米比重持续下降，蔬菜比重先升后降，畜牧业比重呈增加趋势。

3. 农业资源利用面临的难题

日本农用地面积在下降，主要原因是废弃、非农用、受灾等；与此同时，耕地利用率也逐渐降低（耕地利用率 = 播种面积 / 耕地面积）。造成这种农业资源利用难题的主要原因在于农业经营后继乏人以及农用地闲置和荒废。为此，日本成立了农用地中间管理机构，以促进农用地流转、集约化和规模化。

4. 农业经营规模在扩大

2014 年所占比重最大的经营规模组别是 1—5 公顷，1—5 公顷的占总经营面积比重近 1/3，1 公顷以下经营面积仍占 12.8%。2019 年，所占比重最大的经营规模组别是 30 公顷以上。人与地优化组合，既促进农业后继有人，又提高耕地的利用率。

二、日本农业绿色发展的构成

1. 农业生产基础设施强化和农地保护

农业生产的基础设施强化和农地保护主要包括农业水利设

施强化，延长使用寿命以及农田整合整备，提高农业竞争力。

2. 农业生产过程、生产者及农产品的认证制度

农业生产过程管理 GAP。具体含义是生产者自身根据农业生产整个过程，从食品安全、环境保护、劳动安全等视角出发，规定应注意的事项（检查项目），并按此进行农业作业，做好记录和核实工作，以改善下一步的农业作业方法。采用 GAP 有三方面优点：一是确保食品安全，比如残留农药、重金属、病原微生物等；二是保护环境，比如废弃物的正确处理、节约能源等；三是降低成本，比如通过减少肥料农药的使用而降低成本。

农业生产者认证。为了实现农业的可持续发展，对于实施减少化学物投入、采取绿色生产技术的生产者实施生态农场认证。

日本农林标准 JAS。有机农产品的日本农林标准，得到认证的农产品可以得到有机农产品标志。

3. 环境保全型农业

主要划分为土壤培育、循环农业、化肥农药减量化和有机农业四种类型。

三、日本农业绿色发展的政策和法律

1. 农业绿色发展直接支付政策

主要有农用地维护的支付政策、资源利用支付政策、山区半山区直接支付政策、环境保全型农业支持政策。

2. 法律保障

为了促进农业绿色发展，一些法律不断修订完善。绿色农业的发展过程，也是一些法律不断修改完善的过程。

四、日本农业绿色发展的经验

1. 有机农业、有机农产品和生态农场发展

通过发展有机农业，促进农业的自然循环功能，降低农业生产对环境的压力，实现农业的可持续发展，满足国内消费者需求及扩大出口。

2. 减少温室气体排放

实施有环境保全型农业的直接支付制度。如果让化肥、农药使用比降低 50%，则有直接支付制度。

3. 生态多样性保护

有利于保护土壤、保护农田生态。因此，日本政府近几年实施了农业生态多样性保护示范区建设。

4. 农业的可持续发展

农业基础设施维修和改善，地力培养、地力改良、农用地集约化等，对农业的可持续发展发挥促进作用。

五、我国农业绿色发展的对策与政策建议

1. 通过农业绿色发展，充分发挥农业的多功能性

农业除具有提高产品的功能外，还有生态保护、文化传承和休闲观光等功能。走农业绿色发展之路，可以通过生态标准

园、特色采摘等，让发展农业与满足消费者多样性需求有机结合。

2. 农业生产过程标准化、农业生产主体和农产品的绿色认证

我国近几年实施的农业生产化学投入物减量使用对策和政策，势必促进我国农业绿色发展。针对农业生产过程，投入物使用的量、时期和季节，以及投入物结构等过程优化，需要强化生产实践指导。同时，农产品质量安全认证制度已在我国施行，今后在产品认证的同时，也引入普及对农业生产者（农场）认证，并且对农业生产过程的标准化管理和认证。

3. 全国整体和各地区特色的农业绿色发展支持政策

农业绿色发展具有正的外部性，实施农业补贴政策具有必要性。要针对符合地区条件和特色的农业绿色发展模式进行政策支持。

4. 农业绿色发展支持规范化、法制化、常规化

我国许多地方实施了农业绿色发展对策和政策，应注重政策实施的常规化、补贴政策的规范化。此外，政策的实施注重制定相应的法律法规加以法制化。通过法律可以规范政府、农业生产者的行为，促进农业绿色发展。

5. 补贴政策的补贴方式和补贴资金来源

我国幅员辽阔，各地经济发展不平衡，地方政府与地方财政在补贴方面的作用不可忽视。从日本经验可看出，将农业绿色发展支持对象确定为农业经营者，而不是某一项生产投入，这样便于支持政策的实施，有利于降低支持政策的实施成本，

提高政策实施效果。在补贴资金来源上，通过多方出资建立基金，实施农业绿色发展支持。

（作者为中国农业大学教授）

美国推进农业可持续发展的经验与做法

尹昌斌

一、美国农业可持续发展的制度与政策

美国国土主要位于北温带和亚热带，自然资源丰富，耕地面积 1.9 亿公顷，占国土总面积的 20% 多，人均近 0.6 公顷，发展农业有得天独厚的优势。自 20 世纪 30 年代美国中西部黑风暴事件，特别是 20 世纪 70 年代联合国可持续发展大会以来，美国从法律、政策、科研、教育、推广等方面，大力推进农业资源环境保护治理，探索形成了一整套有效的农业可持续发展经验做法。

（一）建立系统完备的法律体系，农业生态环境保护治理有法可依

联邦政府出台了《土壤和水资源保护法案》《清洁水法》，修订了《农业法案》，制定了规模化畜禽养殖场种养结合战略。同时，各州政府因地制宜制定了相应的水土保护法律法规。

（二）完善可持续农业政策，为农业资源休养生息和农业生产保护提供政策支持

一是实行耕地轮作休耕、种植覆盖作物等制度。通过实行农民自愿参与和政府财政补贴，实施 10—15 年的休耕等长期性植被恢复保护工程，鼓励农户种植覆盖作物，达到改善土壤质量、水质和修复当地野生动植物生态环境的目的。二是狠抓水环境质量管控。形成了"立法—执法—回顾评价—修正"的循环模式，使水质得到较好保障。三是建立完善的农业保险制度。从最初的农作物产量保险，发展到如今的收入保险、指数保险等多样化产品体系，保证农民即使在灾荒或价格低廉年份，也能获得农产品生产的预期收益。

（三）以赠地大学为主体创新推广农业技术，实现农业产学研一体化

建立以农学院为主体的农业教学、科研和推广密切结合的"三位一体"体系。美国推广体系有三个特点：一是由美国大学的农学院承担教育、研究和推广三项任务；二是研究推广计划由基层向上申请，以农户需求为导向自下而上制定项目，推广服务工作由美国农业部和州农业局共同领导，以大学农学院为实施主体；三是推广经费由联邦、州共同负担，部分科研经费来自公司和专业农业协会和合作社，二者互相补充。美国农业部下属美国国家粮食农业研究所，每年约有 13 亿美元，用来资助美国农业科研、教育和技术推广体系。分为两类项目：一是竞争类，供全国所有科研机构、大学、企业和农户申请，用以

开展科学研究、技术示范；二是定向类，主要针对全美土地赠予农业大学开展定向研究。

（四）建立多层次农业组织和服务体系，强化农业社会化服务及政府与农户间联系沟通

目前，美国有 100 多个与农业有关的协会、联合会、联盟和合作社等，作为农民与政府间沟通情况、反映诉求的有效桥梁，对美国农业发展起到了非常重要的支撑作用。这些组织一般为非政府组织，不接受政府捐助，其目的是保持其独立性，更好地为其会员服务。

二、美国农业可持续发展的具体模式与做法

（一）以自然资源为基础，建立合理的农业生产布局

美国以土地资源为基础，将优势产业和地形、土壤和气候等资源匹配起来，推动农产品生产地理专业化，逐步建立起农业资源区划系统。目前，美国已形成九大农业带。同时，最新农业分区打破了以往以州为边界的惯例，以县为单位、以农场为对象实行农业区域布局，使研究和政策制定更具有针对性和可行性。

（二）以土壤为核心，推进耕地综合生产能力提升和可持续利用

目前美国经费支持最大的资源环境保护项目是围绕土地的休耕储备项目，主要通过将易侵蚀的土壤和环境敏感作物用地退出农业生产，改种保护性的覆盖作物，保护与改善土壤、水、

空气、野生动植物等资源。此外，环境保护激励项目鼓励生产者采取改良土壤措施，实现提高农产品质量和环境质量的双重目标。

(三) 以水资源质量保障为重点，推进农业面源污染治理

制定和实施以流域为单位的水环境质量管理计划，美国农户普遍实行精准的施肥和用药技术，农户严格按照农药说明书施用农药，普遍实行测土施肥、精准施肥。

(四) 以循环利用为路径，实行农业废弃物资源化利用

在畜禽粪便处理方面，主要实行畜禽粪便综合养分管理计划，通过农牧结合防治养殖污染，在农场内部形成"饲草、饲料、肥料循环"的体系。在秸秆利用方面，目前农田免耕主要是采用残茬覆盖技术。在小麦、大豆等作物收割时，采用机械将其秸秆粉碎留在土壤里，促进秸秆资源循环高效利用。

三、美国农业可持续发展面临的主要挑战及应对策略

(一) 存在的主要问题和挑战

一是自然因素及过度翻耕造成的水土流失问题依然存在。二是化肥农药使用以及畜禽养殖造成的水环境污染依然存在。三是外来物种入侵的治理难度大。四是部分农民对可持续农业技术的应用能力和意愿还有待加强。

(二) 下一步推进农业可持续发展的应对策略

从政府层面看，一是突出重点、划分主次。《农业法案》在

支持力度保持稳定的基础上，资金支出进一步向少数项目集中，90％以上的强制性资金支持流向四个最大的项目。二是问题导向、多措并举。针对土壤侵蚀问题，根据耕地受侵蚀的不同程度，分别实行有计划休耕、退耕还林及永久性退耕还林补贴；针对水资源质量问题，通过奖励性补贴和技术援助等方式，实施相应专项；针对农地流失问题，通过权属保护等方式，实施农牧场土地、草地、健康森林、湿地等保护项目。三是区域合作、多方联动。强调项目多方参与和农业农村部的指导职能。四是示范引领、灵活调整。既支持单项保护，也支持综合保护措施，范围十分广泛，包括技术、工程、管理等，制定出多种实施规范，供农场主根据实际情况选择性采用。

从企业层面，提出农业"碳零排放"概念。一是尽量减少化石能源投入；二是推广保护性耕作技术；三是实行雨养农业，部分地区禁采地下水或推行少量许可证制度；四是研发和销售绿色技术和产品。

四、启示与建议

（一）加强农业可持续发展的法律建设

推进我国农业可持续发展，应加强立法工作。尽快修订《中华人民共和国农业法》，强化资源环境保护治理，明确经营主体在耕地保护和地力提升、水资源节约集约利用、化肥农药投入品准入标准与使用规范等方面的权利和义务。完善我国农业资源环境保护治理的专项法律法规，制定水土资源保护、科学施肥用药等专门法律法规，与《农业法》共同形成我国农业可持续发展的法律体系。地方政府应制定有针对性的地方性法规和标准。切实加强执法监督工作，做到有法可依、有法必依、执法必严、违法必究，引导和约束广大生产经营者采用绿色生产方式，促进农业可持续发展。

（二）加快完善农业可持续发展政策支持体系

在我国当前大力推进农业绿色发展的背景下，适应世界贸易组织（WTO）规则要求，建立支持我国可持续农业的"绿箱"政策，转变农业补贴资金使用方向，加强对农业资源节约利用、生产投入品绿色化、农业废弃物资源化等方面的资金支持，加快建立以绿色生态为导向的农业补贴政策，提升我国农产品质量安全水平和国际竞争力。推动建立第三方投入机制，探索农业农村环境治理缴费制度与费用分摊机制，在有条件的地区实行污水垃圾处理农户缴费制度、畜禽养殖污染治理缴费制度等，实现资金投入多元化。

（三）加强农业区域布局及可持续发展模式应用

我国地域广阔，自然资源条件和农业生产经营方式呈多样性的特点，需要根据具体资源条件，优化与资源禀赋相匹配的农业生产布局。加强农业资源区划研究工作，进一步摸清耕地、水、气候等农业自然资源的底数及动态变化情况，调整完善优化我国农业分区，为推进我国农业生产合理布局提供基础资料。因地制宜推进不同区域可持续农业模式应用，鼓励有条件的地方先行先试。

（四）加强农业可持续发展科技创新

美国农业科研对农产品产值贡献率达 80% 以上，成果转化率达到 85%，得益于较为完善的科研攻关体系。我国农业科技进步贡献率仅为 57.5%。建议加大对可持续农业科技创新的支持力度，加强农业科技自主创新能力建设。健全农业科技创新体制机制，形成科研、开发、成果转化及示范应用一体化的农业科技产业链，通过市场机制促进农业科技研发、教育、推广，逐步建立适应我国发展和国际竞争需要的农业科技创新体制。

（五）强化农业可持续发展力量统筹整合

需要统筹整合农业生产、资源环境、基础设施及政策制定等多要素，联合政府、企业、科研高校、民间组织、农户等主体，整合协调推进。尽快筹建中国农业绿色发展研究会，加强中国农业资源区划学会相关工作，开展有效合作和交流，推广有益经验、成熟路径和先进模式。强化科研高校与新型经营组织、广大农户的联系，建立完善农业可持续发展科研推广服务体系。强化农业可持续发展的宣传教育，推动广大群众养成保护资源、保护环境、勤俭节约的意识。

（作者为中国农科院农业资源与农业区划研究所研究员）

推进农业绿色发展中的企业责任

张俊飚

一、农业的本质特征

（一）自然再生产

农业是利用动物、植物、微生物的生长发育规律，通过人工生产与栽培来获得生物产品和满足人类需要的产业，实质上是一个自然生产和再生产的过程。在初始生产中，主要以绿色植物为主，利用太阳光进行光合作用，形成自己的产品等。动物的生长对相关生物物质产品的利用与转化，则是基于初次生产基础上的二级（草食动物）、三级（肉食动物）生产。在动植物完成其生命周期后，最后进入分解环节，通过微生物的分解使之再次进入到环境之中。可以说，一级生产的植物产品，二级、三级生产中的动物产品，分解过程中的微生物产品，都是自古以来的自然发生过程。

（二）经济再生产

具有产业属性的农业，其生产活动是具有经济指向的，也就是人们在照料动植物生长和进行动植物产品生产的过程中，赋予了照料活动的经济目的和社会需要目标。也就是说，人类对动植物的照料劳动，是为了让动植物的自然再生产过程按照人类的需求指向，所提供的最终产品必须符合人类需求、满足人类需要。

（三）两种生产的交互作用

农业生产过程就是自然再生产与经济再生产相交织的过程。人们照料下的动植物生长和农业劳动活动的目的，就是满足人类自身的消费和发展需要。对动植物自然生产过程照料得越仔细、付出劳动越多，动植物生长的过程就越顺畅，提供的产品产出就越多，对人类的生产回报也就越大。也就是在自然再生产的过程中，由于人的因素嵌入，这一过程中具有了经济的意涵。与此同时，在对动植物自然再生产过程的干预中，人的活动不能违背动植物生长的自然规律，也就是要按照自然再生产的内在规律来满足人类自己的需要目标，从而形成了两种再生产的相互交织。

二、农业产业的重要性

（一）农业是最古老的产业

自从有了人类以来，农业便伴随着人类的发展而发展。虽然远古的农业与现代的农业有着许许多多的不同，尤其在生产方式和生产手段方面具有很大的差异，但是在生产的对象、生产的内容和生产的目的上，依然保持着高度的一致性，也就是以动物、植物、微生物为劳动对象，以食物生产为主要目的，最大限度地满足人类经济社会发展的多种需求。

（二）农业是第一产业

农业的古老产业身份和第一产业属性，决定了只有农业的充分发展，才能奠定人类社会发展的根本基础。因为只有农业提供了剩余产品，满足了人类的生存需要，才能为人类开始从事其他产业活动，如发展第二产业和开展第三产业等，创造前提性的基本条件。

（三）农业具有多功能性

农业的多功能性也让农业具有了更多的身份和承担了更多的使命，除了产业属性和经济功能之外，还有社会稳定的政治功能、农田系统的生态功能和人类农业文明的传承功能，等等。这些功能的存在，赋予了农业以更大的担子和压力，也强化了农业的重要性。

三、农业产业发展的"绿色化"

农业对人类的重要性，对自然资源环境的高度依赖性，决定了农业发展过程必须注意方式、讲究方法，实现科学发展和绿色发展。农业绿色发展是指在生态环境容量和资源承载力约束的条件下，将农业资源节约和生态环境保护作为实现农业经济可持续发展重要支持的一种新型发展模式，是对传统发展模式的一种创新。如果发展不好，对社会影响至大。因为农业的环境福利、生态福利、经济福利与每个人都高度关联，要吃饱、要吃好、要吃得有营养又安全，这是人类社会发展所追求的内在目标。

农业绿色发展的创新主要体现在，现代要素（现代科技手段、现代管理理念）与传统要素（人与光热水气土的结合，即人力、资源与环境要素的结合）充分融合，农业系统（生态系统、生产系统、经济系统）开放度的扩大、复杂度的提升。开放度扩大即系统能量的输入与输出，与外部系统的高度关联；复杂度提升即强化生态系统的复杂性、生产分工的社会性、产业链条的延伸性和价值系统的多元性。农业系统越复杂就越稳定。

要实现农业的绿色发展，必须注意三个要点：一是要将自然资源环境融入生产过程之中，作为农业产业发展的内在要素。二是要把实现经济、社会和资源环境的可持续发展作为农业绿色发展的重要追求，让古老的农业持续健康地发展下去，将自己的多元功能充分地展现出来。三是要把农业生产活动过程和结果的"绿色化"作为绿色发展的主要内容。因此，要实现农业的绿色发展，就必须要较好地依托自然资源与环境，实现生态收益、环境收益与经济收益和资源高效的同步增长，最终提升人类福祉，提高社会福利水平。

四、农业发展"不绿"之表现

（一）农业发展"不绿"之"不省"

传统理念下的"用高投入换取高产出"的指导思想使得农

业生产过程中出现了资源投入多的情况，产生了以更多投入换取更多产出的倾向，而由于方式方法不够科学，导致资源利用效率低下。同时，节约节省意识差，作为最为理性的"经济人"，农户不节不省的内在原因是"缺乏规模"，从而忽视"经营"乃至于"缺乏经营意识"。

（二）农业发展"不绿"之"不优"

主要表现为产品结构不优、品质不优、档次不高、不够适销对路，等等。近年来在许多地方时常出现的农产品积压和"谷贱伤农"等类似事件，就是对结构"不优"的直观呈现。产品产量多、生产数量大、大宗产品多，缺乏细分市场和高端产品以及相应的市场品牌，加上产品结构的复杂度不够，生产结构的同构性突出，形成了对农业资源的无效或者低效消耗，也导致了农业产业属性的极大伤害。

（三）农业发展"不绿"之"不好"

即污染排放多，环境不友好。过量施肥施药和粗放投入，造成了大量环境污染和环境损害事件发生，导致点源污染和面源污染重复叠加，致使农业环境恶化，农药残留、酸雨、重金属等水土污染等，对农业绿色发展影响极大，也危害和影响到人体健康。

（四）农业发展"不绿"之"不高"

在长期的高投入、高消耗所导致的高产出、高成本情况下，由于物质投入的不断增加、人工成本的逐步上涨，近年来农业经济效益出现不断下降趋势。可以说，目前许多农产品都遇到了价格"天花板",而同时成本却又在不断抬升。尽管从表面看,单位土地面积的产品产出相对较多,但由于成本增加等诸多原因,农户等生产经营主体的经营收入不甚理想。

五、农业绿色发展中的企业责任

责任之一:要认知和认识农业。正确认识农业的产业属性和多功能性,是企业投资农业必须确立的既是对企业自身,也是对社会大众负责的基本责任。虽然说逐利是企业的根本行为,也是基本责任,但是进入农业,就要充分利用农业的自然规律,充分发挥自然再生产的功能,用"自然再生产"撬动"经济再生产",在千方百计地促使自然再生产永续进行的过程中,实现经济效用的最大化和企业经营目的的顺利达成。

责任之二:高效产出与赢利。即投入产出多、效率高、利润大。这就必须激励作为现代经济主体的现代企业,借用和配置外部资源,利用"外部要素"来激发"内部要素"。通过一系列的理念创新、管理创新和技术创新,将各类资源组合起来;通过技术研发和研发投入,形成自我独到的竞争优势;通过品牌创建,构建品牌农业;通过引入工业的理念来经营农业,不断提升农业效率。

责任之三:和谐赢利和构建良性的产业生态。赢利是企业的本质属性,但作为复杂系统的农业产业,只有"大家好才是真的好"。农业的自然性、分散性、地域性和广阔性,必须"有效集约和合理搭配",而不能"完全集成"和独自运作。虽然说适度规模和建立自我完整的产业体系，是企业发展的内在追求，但是面对中国农业国情，较好方式之一就是"统分结合"。为此，构建"利益共同体"，合理分享产业链收益，充分利用社会化服务体系与社会分工，才能更好实现企业利益目标。

责任之四：整体赢利，在链条上"做文章"。农业生产经营是一个"复杂性系统"。农业的"一"，可以延伸到"二"，拓展到"三"。因为初级产品的"一"是基础，有了这个基础，就可以转化为"二"、延伸为"三"。这就是人们当前较为提倡的"六次产业"，即：1+2+3=6；或者 1×2×3=6。在产业链条上做文章，并且要做足和做大文章，是企业进入农业必须要注意的一个重要事项。

责任之五：永续赢利。永续的基本前提是环境可持续、资源可持续，也就是自然再生产的永续和在自然再生产永续的过程中，实现经济再生产的永续。唯此，才能使"农业可持续""企业可持续""赢利可持续"。这就需要企业在进行农业生产经营的过程中，必须强化社会责任感，加强对资源环境的保护意识，牢固树立良好的企业形象。

（作者为华中农业大学生态文明建设研究院院长）

面向"十四五"的农业绿色发展：理论、政策和实践

金书秦

一、农业绿色发展的背景和内涵

第一，农本绿色，把农业当人看。农业就是一个人，我们要把农业当作人去看。人需要呼吸，农业需要阳光和空气；人需要吃喝，农业需要灌溉和施肥；人会生病，生病了要吃药，农业有病虫害，有病有虫了需要用农药或兽药；人要穿衣服，地冷了要覆膜；人要排泄，农业也有排放。

第二，农业"胖了""污了"。首先，人口在增加。新中国成立时，仅有 5.2 亿人左右，人们吃不饱，现在有 14 亿人，人越来越多、粮食吃不完，因此，农业胖了。其次，人要吃粮，地要吃肥。过去一公顷地产一吨粮，现在高的亩产吨粮，粮食单产的增长必定需要用化肥、农药、地膜等，因此造成了污染。

第三，绿色发展，为什么是现在？一是农业经济地位相对下降。随着经济发展，人均 GDP 越来越高，农业对经济的贡献

相对下降。二是农业的非经济功能凸显。比如，农业文化、生态、娱乐功能逐步增强。三是农业的生产能力显著提升。四是居民购买力提升，对绿色食品、健康食品的消费意愿在提升，这也奠定了农业绿色发展的基础。五是制度体系正在形成。绿色发展理念深入人心，制度体系正在构建，生产经营方式由小规模向专业化适度规模经营转变，市场机制不断完善。

第四，农业如何实现由"胖"变强。绿色发展实际上是要推动农业由"胖"变强。世界银行关于农业绿色发展有三个要素：一是经济增长与环境退化脱钩，也就是经济越增长，污染越少；二是形成一个绿色市场来带动经济增长，由新型绿色融资市场，带来新的增长；三是绿色和发展形成良性互动，越绿色越发展。

可以说，农业绿色发展首先要去污，实现资源高效利用、投入品减量、废弃物资源化；其次是提质，实现产品优质化、产地清洁化；最后是增效，实现农业高质量发展。同时，要因地制宜，结合各区域实际情况推动农业绿色发展。

二、农业绿色发展的荷兰经验

荷兰国土面积4.2万平方公里，但它是全世界第二大农业出口国，仅次于美国。荷兰农业一条很重要的经验就是实行种养结合，类似于美国的综合养护管理计划，所有养殖场一定要配备相应土地去消纳它的粪污，都有储存设施。储存6个月以上就可以还田、灌注。如果养殖户没有地，要自己将粪污拉到种植区，明确种和养的责任界定。

三、面向"十四五"的农业绿色发展

（一）近年来农业绿色发展成效

一是顶层设计四梁八柱基本建立。制定修订了《中华人民共和国环境保护法》《中华人民共和国大气污染防治法》《中华人民共和国水法》《中华人民共和国环境影响评价法》《中华人民共和国水污染防治法》《畜禽规模养殖污染防治条例》《农药管理条例》《农田水利条例》等一批法律法规，党中央、国务院出台了《关于加快推进生态文明建设的意见》《生态文明体制改革总体方案》《关于创新体制机制推进农业绿色发展的意见》等一批重要文件，等等。二是打造了一批农业绿色发展综合样板。有81个国家农业可持续发展试验示范区（农业绿色发展试点先行区）、100个果菜茶有机肥替代化肥示范县、586个粪污资源化利用畜牧大县、一大批田园综合体和国家农业公园等，这都是以省整体推进的。三是农业用水总量基本稳定，有效灌溉率不断提高。四是化肥零增长。2016年化肥增长首次下降，目前已实现"四连降"。五是农药零增长。2015年首次下降，目前已实现"五连降"。六是农业废弃物综合利用率不断提高。七是粮食稳定高产。八是农业绿色发展指数逐步提高。

（二）仍然存在的问题

一是政策重出台，轻落实。文件多、头绪多，基层学习、执行难，部分文件缺乏"干货"，一些政策没有落实。二是数据基准缺乏，难以支撑政策目标考核。比如，秸秆综合利用率、畜禽粪污综合利用率等指标，对其产生量、可收集量、利用量掌握得都不准确。三是"一刀切"和"一哄而上"时有发生。部分地区打着环保的旗号搞"禁种""以禁代治"，政策一松又"一哄而上"。四是农业绿色补贴改革尚未破题。以绿色生态为导向的农业补贴制度改革进展缓慢。

（三）"十四五"面临的新形势

一是机构改革带来职能转变，定会带来更加严格的环境保护标准和更加严格的督查。二是农业发展重心转移。三是环保督查制度化。四是世界贸易环境风云变幻。发展趋势就是更加绿色的农业支持保护政策、更加严格的环境保护标准、更高的粮食安全和食品安全要求。

（四）对"十四五"的五条建议

一是政策出台要控制数量、提高质量，对各地各部门出台政策文件引入查重机制，提升政策一本通；二是改进农业废弃物综合利用的量化目标，实行负面清单 + 过程管理，进一步摸清家底；三是大力推进种养结合；四是加快推进农业补贴制度改革；五是加强执法和行政督察，依据《中国共产党农村工作条例》对政策过失严肃问责。

（作者为农业农村部农村经济研究中心研究员，博士）

分论坛四

推进乡村治理体系和治理能力现代化

新中国成立以来的山西
集体经济与乡村治理

仝志辉

新中国成立以来，集体经济通过各个阶段的历史发展形成了自己独特的内涵。山西的探索为中国农村集体经济发展作出了重要贡献，也是新中国成立以来我们国家农业农村发展的一个缩影。在集体经济的发展中，乡村治理体系也逐步成形，集体经济和乡村治理有着互生共强的紧密关系。

一、集体经济新生与党在村庄扎根

以新中国第一个农业合作社的诞生地——川底村为例。创立农业合作社后，川底村粮食亩产持续稳定增长，畜牧业、林业有了很大发展。农业增长的背后，实际上是经济体制的变化，也就是创立了集体经济。集体经济确立的背后，实际上是党组织在农村扎根的过程，主要表现在：一是由党的基层组织领导人作为组织集体生产的劳动模范，最大限度在村庄组织劳力、土地等各类生产要素，实现分工效率和综合效益；二是党的组织体系介入，上级帮助扶植；三是党组织紧抓思想政治教育，对农民进行政治前途教育，端正劳动态度；四是高度发扬民主，实行民主集中制；五是优化管理制度。这样，农村社会就有了新的生产力、新的生产组织方式和强劲的发展动力。

从集体经济的成长过程来看，集体经济发展与乡村治理体系是同构的、并生的。集体经济的带头人往往是村党支部书记，党组织通过各项建设加强内部组织管理，集体经济的积累成为党组织和乡村组织体系的经济依托。党支部书记从劳动英雄成为组织模范，党组织也从劳动组织的核心成为乡村全部组织的核心。

二、人民公社体制与村民自治的产生

人民公社体制下，生产计划与分配计划实现了村庄自主，乡村生产条件改造也有了自主性，这样的体制特征为村民自治提供了历史前提。可以说，村民自治的源头就在人民公社。而乡村治理体系中的自治，也不仅仅是选举，主要含义是村社自主规划、自主动员内外的资源、自主形成自身规范，以农民为主体实现乡村发展。

三、集体经济的含义与集体村社的治理意涵

集体经济，实际上是党领导农民、通过农民的创造搞出来的，不完全是一个外生制度，是农民自己想改造自己的生产条件，借由集体经济这种组织形式，把全村人以及全村的自然资

源组织起来，在土地集体所有的基础上实现自己的目标。

集体经济的要点是，以土地集体所有制为基础，在一定范围内（地域、成员）调动和组织各类资源，实现村社成员平等享有集体收益和福利保障。村集体拥有独立财权，部分依赖集体经济收入进行社会管理，提供公共服务。当前，以集体经济为基础的集体村社构成中国制度的基本单元。

集体经济的三方面含义：首先是基于农业生产条件的整体性结构而对农业生产条件的整体涵养和整体利用；其次是基于本地农业生产条件、生态环境和本地永久居民长期目标结合的村社农民共同体的永续经营；再有是为了满足社区居民本地化公共服务需求和资源供给的社区共同经济。集体经济必须满足以上三个含义，才是一个完整的集体经济。

复兴和壮大集体经济，是实现乡村善治的重要基础。没有农村集体经济，农村基层党组织的领导就无法得到保障和体现；没有农村集体经济，村民自治就无法得到有效实现。当前的集体经济，不一定说有股份经济合作社或者村集体合作社就是集体经济，主要看集体的收入能否增长。同时，从以川底村为代表的山西农业发展中可以看到，乡村治理体系建设工作，必须以农村党政体系的优化为依托，以党的基层组织体系的创新和高效运行为关键，以集体经济发展带动的乡村全面工作为内容。

（作者为中国人民大学乡村治理研究中心主任）

乡村振兴战略的落地实践

魏玉栋

一、六点体会

2005年党的十六届五中全会再次提出"社会主义新农村"，遏住了"三农"颓势；2013年启动"美丽乡村"创建活动，找到了乡村发展方向；党的十九大提出"乡村振兴战略"，开启了"三农"高质量发展的阶段。

第一，乡村振兴不是一场"运动"，而是新一轮农村改革探索。从习近平总书记的系列重要讲话到中央文件都提到，乡村振兴要依托改革、依托群众。问题要通过改革来解决，困难要通过改革来克服，险滩要通过改革来渡过，动力要通过改革来提供。

第二，乡村振兴战略不再是"零敲碎打"，基本思考是系统性解决"三农"问题。解决好"三农"问题，需要依托乡村振兴战略系统。

第三，乡村振兴过程中不能否定"乡村"，其本质是对乡村价值的再认识、再挖掘。乡村发展得慢，很重要的一方面就是对乡村价值认识不足。

第四，乡村振兴不是一味地"给"，其着力点是激发乡村发展的内在动力与活力。乡村振兴不是一味地要资金、要资源，村民自信心的建立、自我发展能力的培育是检验乡村振兴成果的两项非常重要的指标。要在"内因"上下功夫，找方向、找路子、找答案。同时，要"给"——给政策、给环境、给条件、给撬板。

第五，乡村振兴不是两眼只盯着"乡村"，其重要目标是重新定义城乡关系。一是统筹城乡发展空间，加快形成城乡融合发展的空间格局。二是优化乡村发展布局，坚持人口资源环境相均衡。三是完善城乡融合发展政策体系，为乡村振兴注入新动能。

第六，乡村振兴工作不是以前工作的简单延续，而是针对新时代的需要进行更多创新创造。乡村振兴每一项工作都是具有创新性的，不是简单的复制粘贴。

二、注意问题

第一是真心为了乡村、为了农民。乡村振兴不是喊喊口号、刷刷标语就能振兴的，要改造陋习，用心去建设。

第二是尊重乡村发展规律。不能简单粗暴干预、做"大手术"。要尊重乡村发展规律，善于发现乡村美，做到无痕设计，尽量少干预设计。

第三是乡村如何规划。要向前人、先辈学习。

第四是推进乡村绿化。要做好规划、因地制宜，不能为了绿化而绿化。

三、如何推进

第一，改革赋能。《中共中央国务院关于实施乡村振兴战略的意见》里面 25 次提到"改革"，主要措施都指向"改革"，而且特别提出"着力增强改革的系统性、整体性、协同性"问题。因此，要向改革要动力、向改革要活力、向改革深处发力。

第二，育人赋能。开展平民教育。

第三，科技赋能。应用 5G 技术，发展数字乡村、智慧农业等。

第四，融合赋能。简单模仿不是融合，融合的结果是要出现新的产业或新的增长点。

第五，文创赋能。对当地特定文化元素进行提炼、加工，通过创意手段，让人意想不到地导入到乡村建设、乡村产业、乡村旅游、乡村生活的各个方面乃至全过程。

第六，引"水"赋能。要善于借助外力。

(作者为美丽乡村建设评价国家标准专家审查组组长、

原农业部美丽乡村创建办公室主任)

运用集成改革　盘活农村资源
加快推进农业农村现代化

丁雪钦

在充满收获和希望的金秋十月，我们再一次相聚在美丽宜人的金太谷，共同出席第三届乡村振兴（太谷）论坛。这是晋中的好机遇，给晋中的大红利，是对我们极大的鼓励和鞭策，也为我们提供了一次聆听各位领导、各位嘉宾纵论农村改革、共话乡村振兴的机会。在此，我谨代表晋中市委、市政府对各位嘉宾的到来表示诚挚的欢迎和衷心的感谢！

本届论坛的主题是：加快推进农业农村现代化。谈起农业农村现代化，必须从"三农"工作说起。说起"三农"工作，我们自然会联想到滋养世间万物生长的土地资源，所以做足做好土地这个大文章，才能更好地加快推进农业农村现代化。今天我的话题就从土地开始说起，我的发言题目是《运用集成改革　盘活农村资源　加快推进农业农村现代化》。

我们知道，人类社会发展史，实质上就是一部土地变迁史。历史表明：国家、农民与土地关系处理得好，农民利益得到维护，则社会稳定、百姓安居乐业；反之，可能激化阶级矛盾，导致政权动荡，影响社会稳定，甚至带来朝代更替、政权更迭。这一逻辑也正是马克思主义深刻揭示的生产关系适应生产力发展的客观规律。也就是说农村土地制度变革的根本动力，深层次看还是生产关系要适应生产力发展的客观规律。不论是发端于商朝的共有制，还是西周到春秋战国时期的井田制，抑或从战国末年一直延续到新中国成立时的私有制，都体现了生产力发展对调整生产关系的进一步要求。

我们党总结借鉴古今中外农村土地制度变革的经验教训，顺应人类社会发展规律，经历了三次农村土地制度革命性改革。第一次是新中国成立初期的"土改"，实现了耕者有其田。第二次是 1956 年建立"高级农业生产合作社"，开始实行农村土地集体所有、集体经营。第三次是 1982 年建立以家庭承包经营为基础、统分结合的双层经营体制，既防止了土地兼并带来的各类社会问题，又促进了土地资源优化配置。这也是顺应生产力发展需要、不断调整以土地为根本的生产关系的中国方案，为发展中国家农村土地制度改革提供了中国经验。

没有最好的土地制度，只有最合适的土地制度。任何一种土地制度的确立，都受不同阶段的政治、经济、文化、社会等方面调节影响，具有复杂性、历史性和阶段性。就拿统分结合的双层经营体制来说，也面临着新的问题和挑战。在"分"的层面上，尽管革除了农业生产"大呼隆"和分配上吃"大锅饭"的弊端，也基本上解决了饭碗端在我们自己手上的问题，但随着城镇化进程的加快，大量农民转移进城到二、三产业就业，承包农户与承包地发生分离，使大量土地出现"撂荒"现象；即使仍然坚守着土地经营，也基本上维系着小农户家庭经营的方式，制约着农业生产规模化、现代化发展。在"统"的层面上，实行家庭承包经营后，农村集体经济组织逐步退出农业生产经营活动，但一直未能找到清晰的功能定位和有效的运转形式，绝大多数地方甚至出现集体所有"虚化"的情形，使集体收益荡然无存，也使基层政权办不了事、解不了难的"尴尬"困境日渐凸显。

"周虽旧邦，其命维新。"在这种前提背景下，我们探索盘活农村集体非承包耕地、非承包林地、"四荒地"、宅基地、经营性建设用地和经营性资产，以变革性的举措调节集体、农民与土地的关系，完善"分"的功能，妥善处理规模经营与小农户发展的关系，大力发展多种形式的适度规模经营，发挥新型农业经营主体在现代农业建设中的引领作用，让小农户共享改革发展成果；充分发挥"统"的作用，把闲置、低效、沉睡、分散甚至失控着的千千万万个看起来微不足道的农村集体资源资产挖出来、拎上来、统起来，以集成思路、集成目标、集成政策、集成办法、集成经验、集成成效来谋划、引领、推进、示范，发挥土地最大的综合效应、集聚效应引领乡村全面振兴，实现农业最强、农村最美、农民最富、治理最优。从这个意义上讲，运用集成改革的方式，盘活农村资源，是对双层经营体制的进一步完善，是在保护农村集体所有权、农民承包权和经营权的同时促进土地流转，增加农民财产性收入的有益探索。

第一，坚持以集成的思路统筹谋划。我们把发展壮大集体经济、加强农村基层政权建设作为首要出发点，以此来提升农村基层党组织说话的底气、办事的财气、"三治"的硬气。我们把盘活集体资源资产、推动城乡要素市场化配置作为核心要务，充分发挥市场配置资源的决定性作用，把农村的存量资源资产晒出来、把可用资源资产划出来、把入市资源资产拎出来，采取市场化配置机制，破除阻碍要素自由流动的体制机制障碍，推进更多工商资本、科技人才"上山下乡"，以实质性项目带动农业农村资源实现由"净流失"向"大回流"的革命性转变。我们把完善统分结合的双层经营体制、推动乡村振兴、增加农民收入作为根本目标，通过加强"统"的服务功能，以农村基层组织为依托，推动千家万户农民与千变万化的市场有效衔接，最终实现乡村全面振兴，走出一条具有地域特色的生态美、产业兴、百姓富的可持续发展之路。

第二，以集成的目标强化引领。我们紧紧围绕增强绿水青山的视觉、乡音民歌的听觉、五谷丰登的味觉、花香气新的嗅觉、富裕幸福的感觉、担当作为的自觉"六觉"蓝图，通过让集体经济强起来、要素配置活起来、山川大地美起来、治理能力提起来、农民腰包鼓起来，全力打造美丽乡村由"一处美"向"处处美"、"一时美"向"持久美"、"外在美"向"内在美"转变，绘就各具特色的现代版"富春山居图"。

第三，以集成政策强力支撑。一是用足用活用好现有政策，打好政策"组合拳"。针对改革推进中的问题，把党在农村的50多项惠农政策打包解读，组织一批懂政策、懂业务、懂基层的专家队伍，为县乡村开展业务培训，帮助基层精准把握政策。二是用心用情用力推进改革，避免部门"单打一"。摒弃各自为政的保守思想，坚持全市"一盘棋"，通过整合政策、项目、资金、资源，集中向村级集体经济组织倾斜，切实找到上级政策与本地实际的结合点、各项涉农政策之间的联结点，最大限度释放政策红利。三是鼓励鼓舞鼓动先行先试，探索改革"新路子"。尊重基层首创精神，鼓励大胆探索，支持先行先试，积极引导支持基层探索更多的好经验、好做法。

第四，以集成办法科学推进。坚持做到"五化"：一是摸底确权精确化。在农村集体资产清产核资的基础上，以村为单位，对农村集体"五地一产"进行全面清查核准，分别建立管理台账，并将台账数据纳入农谷大数据中心，实现资源共享。二是要素配置规模化。通过城乡增减挂钩、土地整理、土地流转等途径，将资源资产整合起来，集中连片开发利用，统筹山水林田湖草系统治理，最大限度使集体资源资产效益最大化。据初步估算，仅农村集体非承包耕地，按大平均每亩600元流转费计算，全市收益可达6亿多元。三是入市改革市场化。充分发挥市场配置资源的决定性作用，畅通要素流动渠道，大力引进工商资本"上山下乡"，引导科技人才进村入户，按照宜农则农、宜林则林、宜工则工、宜商则商的原则，有效解决了"干什么""谁来干""怎么干"的问题。四是收益分配合理化。严格执行"四议两公开"、村务监督委员会等民主决策、民主监督机制，将获得收益纳入村集体经济组织账内核算和村务公开内容，主要用于发展生产、增加集体积累、集体福利和公益事业。对集体经济组织内的股民严格股权分红，增加农民财产性收入。五是程序实施规范化。从严规范合同、从严使用管理、从严收缴费用、从严入市管理，坚决执行国家有关法律法规和政策规定。

第五，以集成的经验示范带动。各地积极探索和实践，培育了一批可复制、可推广的典型和模式，形成了别具特色的整体开发型、资源入股型、合作经营型、大户带动型、多元发展型等发展模式，左权"黄金谷"闪耀太行、寿阳"玉露梨"飘香千里、昔阳"连翘茶"遍地开花、平遥"木瓜古村"崭换新颜、祁县"万亩酥梨"硕果累累。

第六，以集成效能检验成效。坚持以集体资源资产盘活了多少，工商资本、科技、人才引进了多少，集体经济发展壮大了多少，农民财产性收入增加了多少为标志，"不看存量，看增量""既看规模，又看效益"，让集体资源资产寸土寸金、升值生金；让工商资本、科技人才活力竞相迸发、充分涌流；让村级组织拥有更多说话硬气的"财气"；让农民群众享受到集体经济发展的更多红利。

让我们十分欣慰的是，以系统集成的办法盘活"五地一产"资源资产的战鼓一经敲响，全市广大干部群众士气高昂、信心倍增。

这种信心来自习近平总书记的殷切嘱托。习近平总书记高度重视农村土地问题，对深化农村土地制度改革做出了一系列重要论述，回答了为什么要改、怎么样改等重大问题，为新时代深化农村土地制度改革指明了方向。他指出，新形势下深化农村改革，主线是要处理好农村与土地的关系；目标是要不断探索农村土地集体所有制的有效实现形式，完善承包地"三权分置"制度，加强土地经营权流转管理和服务，探索宅基地所有权、资格权、使用权"三权分置"；重点是要坚持集体所有，坚持家庭承包，坚持稳定农村土地承包关系，以农村土地集体所有、家庭经营基础性地位、现有土地承包关系的不变，来适应土地经营权流转、农业经营方式的多样化，推动提高农业生产经营集约化、专业化、组织化、社会化；路径是完善农村产权制度和要素市场化配置，提高农村土地、资金、人才、技术等各类要素的配置效率，健全农业支持保护制度，健全城乡融合发展体制机制和政策体系，注意加强改革系统集成，推动各项制度相互衔接、形成合力。底线是决不能把农村土地集体所有制改垮了，不能把耕地改少了，不能把粮食生产能力改弱了，不能把农民利益损害了。

这种信心来自省委的大力支持。8月28日，省委书记楼阳生主持召开省委深改委（省综改委）第23次会议，听取了省规划和自然资源厅《关于对晋中市"五地一产"入市改革工作的评价报告》，对晋中"五地一产"入市改革工作给予了充分肯定。他认为，晋中探索推行的"五地一产"入市改革，是深入贯彻习近平总书记"加强改革要系统集成"方法论的具体实践，是认真落实习近平总书记在浙江考察时提出的"推动工商资本、科技和人才'上山下乡'，建立健全城乡融合发展体制机制和政策体系，加快推进农业农村现代化"重要指示的有力举措，是践行习近平总书记视察山西重要讲话重要指示、践行省委"四为四高两同步"总体思路和要求、努力在转型发展上率先蹚出一条新路的积极作为，是激活农村资源资产、打赢脱贫攻坚战役、破解"三农"工作难题、助推乡村振兴的"金钥匙"，改革目标方向正确，改革思路清晰，制度设计可行，政策集成有效，推进措施稳妥，在转型综改上率先做出了示范。

这种信心来自我们的实际成效。从 2020 年 3 月 13 日改革启动至今的半年多时间里，我们摸清了底子：全市农村集体非承包耕地 85.1 万亩，集体林地 724.7 万亩，集体"四荒地" 636.7 万亩，集体经营性建设用地 35.6 万亩，宅基地 43.9 万亩，集体经营性资产 38 亿元。这是蕴藏在农村的一笔巨大财富，更是推进改革的最大底气、财气、硬气。截至目前，已入市集体非承包耕地 38.1 万亩，占总数的 44.8%；林地 93.7 万亩，占 12.9%；"四荒地" 109.7 万亩，占 17.2%；集体经营性建设用地 9.3 万亩，占 26.1%；宅基地 1.8 万亩，占 4.1%；集体经营性资产 24.9 亿元，引进社会资本 200 余亿元，引入企业 1609 个，培育新型职业农民 6.9 万人，带动集体增收 8.7 亿元、农民增收 7.9 亿元。

这种信心来自我们的探索突破。经过近半年时间的改革实践，初步实现了农村资源长期闲置、低效利用、非法占用"净流失"向工商资本开发利用、促进保值增值"大回流"转变，工商资本从城市向农村流动，农村生产关系由"分"强"统"弱向"统分结合""统"的作用加快释放转变，农民由分散经营与市场脱节向适应市场、从供给侧发力转变，农业由传统耕作向现代农业转变，集体经济实力明显增强，党在农村的执政基础进一步夯实，一些村"两委"由软弱涣散向"说话有人听、办事有人跟"转变，党在农村的执政根基更加坚实。

推进任何一项改革都不是一帆风顺的事情，既需要摸着石头过河的探索精神，又需要抓铁有痕、踏石留印的定力和韧劲。下一步，我们将重点从以下几个方面进一步探索和实践，大力完善统分结合的双层经营体制，大力盘活集体资源资产，使改革的红利更加充盈、更加惠及人民群众。

第一，要强化耕地保护意识。习近平总书记强调："保护耕地要像保护大熊猫那样来做。"我们将持之以恒实行最严格的耕地保护制度和最严格的节约用地制度，全面落实永久基本农田特殊保护制度，加强耕地利用监管，严禁借土地流转之名改变用途、破坏耕地。着力推进高标准农田建设，实施耕地质量保护与提升行动。落实耕地占补平衡，适度降低耕地开发利用强度，加强耕地地力修复，强化耕地污染治理，确保耕地数量不减少、质量有提升。

第二，要有效落实"三权分置"。实行承包地"三权分置"，是现阶段解决保护农民承包权与促进土地流转这一矛盾的治本之道。"五地一产"入市改革就是要以落实承包地"三权分置"制度为切入口，以更优的机制盘活用好农村土地资源。我们将始终坚持底线不破，牢牢守住农村土地集体所有这个农村基本经营制度的"魂"、家庭承包经营权这个农村基本经营制度的"根"，着力推动承包权、经营权"两权"有效融合，推动资源资产综合利用，切实让工商资本能增值、集体资产能保值、农民收入能增加。

第三，要大力推动农村集体经营性建设用地入市。认真借鉴试点经验，加快集体建设用地确权登记颁证，明确产权归属，落实入市主体。采取"产能置换、占补平衡、增减挂钩"的办法，将分散的、碎片化经营性建设用地，通过集成打包、整体置换等方式，向城边、镇边、路边集中，提高资源综合开发价值，释放资源综合利用效应。规范土地增值收益管理，按照"取之于农、用之于农"的原则，收益向集体和农民倾斜、向乡村振兴倾斜。细化明确土地入市规则和监管措施，严格按照规划用途使用土地。

第四，要稳慎推进宅基地入市改革。目前，我国形成了独具特色的农村宅基地制度，即集体所有、成员使用，一户一宅、限定标准，规划管控、无偿取得，长期占有、内部流转。随着农村社会人口结构的深刻变化，现实中出现了一户多宅、超标占地、退出机制缺失等新问题。中央全面深化改革委员会新近审议通过的《深化农村宅基地制度改革试点方案》，明确提出要通过放活宅基地和农宅使用权交易，为农民打开获得财产性收入的大门。我们将致力于构建开放、共享、公平的宅基地使用权流转交易制度，释放农村宅基地和农村房屋资源的价值，并吸引外部资本投入农村，实现城乡融合发展。我们将在坚持土地集体所有、保障农户合法权益的前提下，加快房地一体的宅基地确权登记颁证，探索宅基地所有权、资格权、使用权"三权分置"，适度放活宅基地和农民房屋的使用权，研究赋予农民住房财产权流转、抵押等权能，提高土地使用效率，遏制宅基地闲置浪费现象。

第五，要积极推进林地抵押权贷款。经初步测算，全市现有干鲜果面积 260 余万亩，抵押贷款后，每年可获取金融部门贷款支持 4.6 亿元，这将为林果产业发展壮大提供强有力的资金保障。我们将全面推动林地规范入市程序，实行分类分片评估，精准核定经济林、四旁树等林地资源，组织第三方机构，以地类为单位开展分类评估，为金融部门发放贷款提供依据。同时，推出更多符合"三农"需求的金融产品，争取更多商业银行开展林权抵押贷款业务，让林权抵押贷款真正成为农民致富的"加油站""助推器"。

第六，要积极推进跨区域有效整合。按照产业发展需要，充分发挥市场在资源配置中的决定性作用，打破行政区域限制和壁垒，以大视野谋划、大手笔推动、大流转集中，最大限度促进资源有效集成融合。对于需要乡村相互联动的，实行县级统筹，按照"政府引导、市场运作、多方共赢"的原则，为项目落地拓展更大空间；对于需要县区相互融合的，根据项目落地和未来发展需要，由市级统筹，推动资源优化整合，创造最优条件吸引工商资本进入，促进入市项目做大做强，实现跨县珠联璧合；对于需跨市合作共建的，坚持政府主动搭桥与企业主体主动作为的原则，用好有形之手，借助无形之手，推动资源集中连片开发，实现跨地区抱团发展、联合共建、互利双赢。

第七，要积极推动整体集成置换。根据工商资本用地需求，以产业发展为目标，推进农村资源整合置换，实现集中连片经营、集成规模开发，形成"1+1>2"的叠加效应。充分发挥县、乡、村三级统筹组织作用，根据入市项目需求，按照市场规则、双向选择的原则，采取分块实施置换或整体打包置换等形式，以更大空间吸引工商资本落户，全面提升"五地一产"综合效应。

第八，要积极推动资源净化流转。大部分集体资源特别是集体非承包耕地都散落在个人承包地中间或边沿，要实现入市改革效益最大化，就必须把集体非承包耕地与农民承包地集中连片开发，为工商资本进入提供最好条件和最优空间。我们将紧紧围绕"净化回流"这一关键，采取"整体托管""入股打包"等方式，在尊重农民意愿和保护农民合法权益的基础上，将农民土地流转到村集体或专业大户、农民专业合作社等第三方组织，然后再向工商资本流转，通过流转再流转，让工商资本"放心进入"。

"长风破浪会有时，直挂云帆济沧海。"在改革征途上，我们仅仅拉开了战役的序幕，迈出了小胜的一步，离奋斗目标还有很远很长的道路，只要咬定青山不放松，一步一个脚印，一定能够取得更多更大的成效。

（作者为山西省晋中市人民政府副市长）

推进乡村治理体系
和治理能力现代化
——以山西省为例

刘 杰

一、推进乡村社会治理工作情况

（一）强化顶层设计，统筹部署乡村治理工作

山西省委高度重视乡村治理工作，先后以省委办公厅、省政府办公厅名义印发《关于学习推广新时代"枫桥经验"提升全省城乡基层社会治理现代化水平的指导意见》《关于深入推进平安乡村建设的指导意见》和《关于深入开展"零上访零事故零案件"村（社区）、企业、单位创建工作的实施方案》等一系列文件，对推进乡村治理工作做出具体安排部署。

（二）突出源头治理，深入开展"三零"单位创建工作

一是做好"一个牵引"，深入推动。省委书记楼阳生上任伊始，针对提升基层治理水平和效能，亲自提议在全省开展"三

零"单位创建，并亲自谋划、亲自推动，30 余次在省委常委会议、省人大十三届三次会议、省委农村工作会议、全省组织部长会议等重要会议上提出要求，强调开展"三零"单位创建工作是因应形势发展、顺应群众期盼、致力"治晋兴晋强晋"作出的重大决策。省委将持续深入开展"零上访零事故零案件"村（社区）、企事业单位创建工作纳入了 2020 年常委会工作要点、重大改革任务和目标责任考核范畴。省委政法委科学谋划、统筹推进全省工作，不定期组织相关单位召开专题会议，研究制定标准，细化创建任务，定期梳理进展，分析研判情况，督促解决创建工作中存在的问题，及时报告省委，推动"三零"单位创建工作在全省有序深入开展。目前，全省 25708 个村（社区）全部纳入"三零"单位创建主体，1—8 月，实现"三零"的村、社区比例分别为 64.68%、25.79%。

二是强化"四项措施"，全力驱动。一是摸清底数建立台账，统筹基层网格员和平安志愿者等各种力量，开展拉网式、地毯式排查，全面掌握全省矛盾纠纷、安全事故和刑事治安案件隐患情况，做到"三清"，即创建主体清、工作进展清和风险隐患清。二是整治隐患防范风险，各级党委开展"清单式"管理、"项目化"推进，帮助各地解决存在的重大矛盾纠纷、重大安全隐患和突出治安问题，最大限度提高化解率、整治率，努力做到问题在一线解决、基础在一线扎牢。三是压实责任推动落实，坚持落小"单元"、划小"切口"，切实将任务压实到农村、社区和企事业单位，进一步压实压细主体责任。四是健全制度规范创建，以省委平安建设办公室的名义，建立滚动摸排、审核认定、沟通协调、清单管理、督促指导、分类推进、舆论引导、月报告等八项制度，助力创建工作扎实开展、高效运行。

三是抓好"三个结合"，及时联动。省直主管单位进一步完善制度，健全标准，规范流程，坚持与行业平安建设相结合、与解决信访突出问题相结合、与安全生产专项整治相结合，及时发现、妥善化解本行业本监管领域各类风险隐患，全力助推"三零"单位创建。

（三）注重系统治理，多措并举推进平安乡村建设

一是深入推进农村"扫黑除恶"专项斗争，铲除黑恶势力滋生的土壤。将加强基层组织建设与扫黑除恶专项斗争有机结合，坚决铲除横行乡里、危害一方甚至把持基层政权、操纵基层换届选举、垄断农村集体资源、侵吞集体资产的村霸等黑恶势力。截至 2020 年 9 月，全省打掉农村涉黑涉恶犯罪团伙 205 个，其中，黑社会组织 66 个，恶势力犯罪集团 139 个，依法查处村"两委"成员 1029 人。同时，积极防范、严厉打击境内外敌对势力对农村的渗透，坚决抵御非法宗教破坏活动，坚持不懈深挖打击违法犯罪。

二是加强农村"雪亮工程"，提升乡村治理智能化水平。按照"农村覆盖、城市加密"的要求，将农村"雪亮工程"建设与城市"雪亮工程"建设项目同步规划、同步设计、同步施工，分级有效整合各类视频图像资源。目前，全省共安装各类公共

安全视频监控探头 251 万台，其中农村一类、二类视频监控探头覆盖率达 89%，实现了把治安防范措施延伸到群众身边，筑牢了治安防控乡村的"篱笆"。

三是深化网格化服务管理，提高农村治理精细化水平。构建了省、市、县、乡、村五级综治中心与网格"六级"联动的基层社会治理体系，实现了基层村（社区）网格和网格服务管理的全覆盖。目前，全省综治网格共有 60568 个，共配备网格员 60768 名，主要承担基础信息采集、特殊人群协管、矛盾纠纷化解、治安隐患排查等基层平安创建职能。

四是推进综治中心建设，夯实农村治理规范化基础。大力加强乡村综治中心和综治平台建设，省、市、县、乡、村五级综治中心全部按照国家标准委《社会治安综合治理综治中心建设与管理规范》完成标准化建设任务。同时，开发了平安山西手机 App，网格员通过 App 进行信息报送，综治中心利用综治平台进行分流指派，实现了基层事项的信息化报送和分类处置。

（四）健全工作机制，着力提升乡村矛盾纠纷化解水平

一是坚持和发展新时代"枫桥经验"。健全党委领导、政府负责、社会协同、公众参与的"多元治理"模式，健全自治、法治、德治"三治融合"模式和健全源头治理、动态管理、应急处置"全程联动"模式。提升化解矛盾促进民和的能力；提升网格管理凝聚民力的能力；提升整治隐患维护民安的能力；提升智能应用满足民需的能力。深化群防群治机制、心

理疏导机制、平台运行机制和社区服务机制。在全省安排部署"十百千工程",确定10个县(市、区)、100个乡镇(街道)、1000个村(社区)作为重点培育的先行先试地区。

二是健全多元化纠纷解决机制。坚持系统治理、依法治理、综合治理、源头治理,健全调解、仲裁、行政裁决、行政复议、诉讼等有机衔接、相互协调的多元化纠纷解决体系,完善诉调、检调、政调和访调之间衔接联动机制,由省高院牵头,与省公安厅、省司法厅共同开发、共同搭建、共同应用的多元解决纠纷平台在全省范围正式推广应用。

三是发挥基层群防群治队伍的力量。组织全省6万余名网格员、"两会一队"人员、平安志愿者等共47.6万人的群防群治队伍积极投身排查化解矛盾纠纷,强化矛盾纠纷排查化解力度。

四是完善农村公共法律服务体系。目前,县、乡、村三级分别建成公共法律服务中心(站、工作室)117个、1418个、18193个,覆盖率分别达100%、100%、66%;全省8000多名律师担任村(社区)法律顾问,实现了村级法律顾问全覆盖。

二、乡村社会治理工作存在的问题

(一)人员不稳定,基础保障有待加强

乡镇(街道)机构改革后,《中国共产党政法工作条例》中规定的政法委员虽然全部配备,但大多是身兼数职,专职率不到10%;综治中心在乡镇(街道)和村(社区)层面均没有专门机构和人员,严重制约乡村社会治理的发展。

（二）少数地方推进"三零"单位创建工作力度有待提高

排查化解矛盾纠纷和整治各种风险隐患是贯穿"三零"单位创建始终的核心工作，部分地方排查矛盾纠纷和风险隐患的力量单一，仅仅依靠网格员、调解员等群防群治队伍，没有充分调动各职能部门的下沉力量，没有形成齐抓共管的工作格局。尤其是重大矛盾纠纷、重大安全隐患和突出治安问题化解整治率较低，反映出上级部门帮助基层化解整治疑难复杂问题的力度不够，辖区内相关职能部门横向协同联动不够，凝聚合力还需进一步加强。

（三）平安乡村建设推进力度还有待加强

"扫黑除恶"专项斗争防范打击的长效机制还不够健全，对农村"黄赌毒"等突出治安问题的排查整治力度还不够大，农村治安防控体系还不够健全。乡村"雪亮工程"建设资金个别地方配套不到位、工程进展不齐，项目人才和技术力量薄弱，协调配合机制不畅。网格化服务管理工作精细化程度不够，网格的划分还不尽科学合理，网格员队伍的职能定位不够清晰，网格员队伍的整体业务素质、履职能力和服务水平距人民群众的要求还有较大差距。

（四）乡村法治建设相对滞后

农村群众的知法学法用法意愿很低，普法相对困难，在自身权益遭到侵害时，不知道运用法律武器来维护，小纠纷演变成大案件、民事纠纷演变为刑事犯罪时有发生。

三、乡村社会治理工作下一步打算

（一）坚持典型示范，加快推进乡村治理现代化整体进程

及时总结乡村社会治理实践做法，提炼好经验，适时召开典型经验交流会，总结推广典型创新实践和成功做法；并通过编发简报、专刊，借助各种媒体平台，适时宣传推广典型工作中的好经验、好做法，不断提升典型工作示范效应，凝聚共建共治共享合力。

（二）坚持激活活力，加大推进乡村治理社会化力度

总结推广朔州"朔城街坊"、阳泉"平安驿站"、长治"平安志愿者协会"等做法，凝聚群众参与社会治理的合力。会同民政部门大力培育乡村和社区社会组织，加强社会组织孵化基地建设，激发社会整体活力。

（三）坚持夯实基础，加快推进乡村治理精细化水平

会同编办等部门联合出台《关于深化网格化服务管理的指导意见》，进一步调整优化网格布局，合理确定网格监管任务和事项，落实网格员保障待遇。同时，以贯彻落实《中国共产党政法工作条例》为契机，协调有关部门进一步加强综治中心建设，努力将其打造成为创新基层社会治理的综合平台。

（四）坚持普法先行，加快推进乡村治理法治化水平

完善农村法律服务体系建设，最大限度地满足农村法律服务的基本需求。加强农村司法所、法律服务所、人民调解组织

建设，健全法律援助制度机制，推进"一乡一公共法律服务站""一村一法律顾问""一家一法律明白人"建设，引导全体人民遵守法律、有问题依靠法律来解决，形成守法光荣的良好氛围。

（作者为山西省委政法委基层社会治理处副处长）

聚力"五个坚持" 开创"五新"局面

李国强

乡村治，百姓安。乡村治理是社会治理的基础和关键，是国家治理体系和治理能力现代化的重要组成部分。长子县作为全国首批"乡村治理体系建设试点县"，认真贯彻落实中央、省、市关于乡村治理的决策部署，在上级部门的精心指导下，先行先试，积极探索，初步走出了一条具有区域特色的乡村治理新路径。

一、坚持党建引领，夯实基层组织新堡垒

党政军民学，东西南北中，党是领导一切的。实践中，我们把加强基层党建作为推进乡村治理的核心引擎，以"三基建设"为抓手，不断凝聚乡村两级事业发展的向心力、战斗力。

建强基层组织。持续推进农村基层党组织规范化建设，整治软弱涣散基层党组织 92 个；推行"三步四循环"工作法，实现党的组织生活由"量变积累"到"质变升级"；实施"五化提质"党建工程，建设市级示范点 12 个、县级示范点 65 个；加

强农村"领头雁"队伍建设，选派 68 名优秀年轻干部到村担任党组织书记，398 名退伍军人、农民企业家等本土人才进入"两委"班子。

加大基础保障。投入 3200 万元，为所有乡镇（中心）高标准建设周转用房，同步推进"五小"建设，解除干部后顾之忧；投入 5000 余万元，在各领域建设党群服务中心 316 个，实现全覆盖；足额保障基层组织运转经费，逐年提高农村干部待遇。2019 年长子县农村、社区"两委"主干报酬分别达到 3.6 万元和 4.5 万元，有力地激发了农村干部干事创业的积极性。

提升基本能力。强化农村党员管理，建立"双项积分、三色预警、四方督评"工作机制，实行量化考核，动态提醒，有效监督；注重教育培训，采取集中轮训、外出考察、名校进修、网络学习等形式，全方位提升农村干部队伍整体素质，年均受训人数达到 2600 人次。基层党组织战斗堡垒作用和党员干部先锋模范作用的充分发挥，为推进乡村治理工作提供了坚实保障。

二、坚持民主自治，激发共治共享新动能

民主自治是乡村治理体系的基础，是基层群众自治制度的重要体现。实践中，我们聚焦民主选举、民主协商、民主决策、民主管理、民主监督等多个环节，完善组织体系，丰富自治形式，健全自治制度，不断焕发乡村自治的强大生命力。

把牢选举防线。严格落实农村换届选举县级联审制度，坚决防止不正当手段影响选举，把好农村干部"入口关"；健全村

级后备干部台账，畅通村干部进入乡镇领导班子的渠道，近年来，共提拔5名优秀村党组织书记进入乡镇班子。

搭建议事平台。坚持"有事好商量，众人的事情由众人商量"，健全村规民约、村民议事会、道德评议会、禁赌禁毒会、红白理事会"一约四会"机制，组建百姓沙龙、村民说事、百姓议事、妇女之家等各类村民自治性组织1100多个，引导村民主动关心、支持乡村发展，增强村民主人翁意识，初步实现"民事民议、民事民办、民事民管"。

健全管理制度。发挥村规民约在乡村治理中的"小宪法"作用，持续推行"四议两公开"，不断健全村级重要事项、重大问题议事决策机制，选配村务监督委员会，加强对村务决策、财产管理、惠农政策措施落实等事项的监督，切实保障村民的知情权、参与权、决策权和监督权。

壮大集体经济。加快农村集体产权制度改革，成立集体经济股份合作社600多个，吸引村民通过土地、资金、技术等形式入股，激发村民壮大集体经济的积极性和主动性。目前，长子县村集体经济收入5万元以上村达249个，占比87%，村民自治经济基础不断被夯实。

三、坚持依法治理，构筑群众安全新保障

法治既是国家治理体系和治理能力的重要依托，也是乡村治理的制度保障。实践中，我们不断加大法治乡村、平安乡村建设，严格依照法律法规和村规民约规范乡村干部群众的行

为，让依法决策、依法办事成为习惯和自觉行为。

加强法治宣传教育。采取多种形式，深入开展"七五"法治宣传教育；组建专业普法宣传队，定期开展法治宣传教育活动；在各乡镇、村设立"法治文化墙""法治广场""法治长廊"，基本实现"一村一法治文化阵地"，推动法律知识家喻户晓、入脑入心，形成办事依法、遇事找法、解决问题用法、化解矛盾靠法的良好氛围。

完善公共法律服务。将全县286个村6个社区的村"两委"干部、人民调解员、网格长纳入"法律明白人"队伍，为农民提供普惠高效的公共法律服务。

落实"一村一顾问"制度，为每个村配备一名专职法律顾问，依托各乡镇司法所建设公共法律服务站，集中受理和解决群众的涉法事务。推进平安乡村建设。投资7600万元，全面实施"雪亮工程"，筑牢治安防控的"最后一公里"；纵深推进扫黑除恶，坚决铲除横行乡里、称霸一方的各类黑恶势力；集中开展禁毒攻坚，依法打击各类毒品违法犯罪活动，全县群众安全感持续增强。同时，大力开展农村基层微腐败整治，健全小微权力监督制度，织密农村基层权力运行"廉政防护网"。2019年以来，全县共查处基层微腐败问题案件42件53人。

健全矛盾纠纷调解体系。坚持和发展新时代"枫桥经验"，建成1个县调解中心、14个乡镇调解委员会、286个村调解委员会和2100余个网格员的三级管理体系，完善社会矛盾多元预防调处化解综合机制，以"三零"创建为契机，深入开展征地拆迁、劳动争议、村矿（企）矛盾、医患纠纷、交通事故、环境污染六大领域专项排查，目前共排查矛盾纠纷 181 起，化解 158 起，化解率 87%，努力将矛盾发现在萌芽、化解在基层，做到"小事不出村、大事不出乡"。

四、坚持德育教化，培育乡风文明新风尚

道德是内心的法律。德治彰则乡风清，教化行则民风淳。实践中，我们以全国文明城市创建为契机，积极弘扬优秀传统文化，广泛凝聚向善道德力量，以文化人，成风化俗，着力培育文明乡风、良好家风、淳朴民风。

倡导移风易俗。严格落实长治市《关于推进农村移风易俗的意见》，提倡婚事新办、丧事简办、余事不办，坚决破陈规、除陋习、扬新风、树正气，狠刹大操大办、天价彩礼、孝道式微、厚葬薄养等不良风气，涌现出大堡头镇南小河村、慈林镇南张村等一批先进典型，先后有中央、省、市 30 多家主流媒体采访报道，2020 年 9 月被确定为国家级农村移风易俗机制创新试点县。

深化文明实践。秉承"群众在哪里，文明实践就延伸到哪里"的理念，高标准打造了 1 个县实践中心、14 个乡镇实践所和 292 个村（社区）实践站，形成贯通县乡村、辐射政社企的文明实践网络；招募志愿者 5 万余人，志愿队伍 500 多支，公益类社会组织 20 支；建立了理论宣讲、文化服务、健身体育服务、教育服务、科技与科普服务"五大平台"，采取"线上""线下"多种方式，深入宣传习近平新时代中国特色社会主义思想，弘扬社

会主义核心价值观，使党的创新理论和文明理念"飞入寻常百姓家"。2019 年，长子县被列为全国新时代文明实践中心试点县。

发挥榜样力量。大力开展文明村镇、文明家庭、"七在农家"、星级文明户等创建活动，广泛开展"长子好人"、道德模范、新时代好少年等评选活动，进一步扩大了榜样模范引领的影响力和感染力。以各行各业涌现出的感人事迹为题材，编撰了《身边的榜样》等优秀书籍，创作了《割肝救父赵云亮》《诚信爹娘》等精品力作，开展了戏曲下乡等文艺活动，弘扬真善美，传播正能量。

五、坚持多措并举，刷新乡村面貌新颜值

良好的生态环境，是最公平的公共产品，是最普惠的民生福祉。实践中，我们将人居环境整治作为建设美丽乡村、增进民生福祉的重要措施，深入推进环境整治"六大行动"。一是拆违治乱。坚持城乡一体推进，凡违必拆、违建清零，特别是针对农村私搭乱建情况进行集中攻坚，全县拆除闲置凋敝宅基地 4566 处，腾退土地 2587 亩，成为全省凋敝宅基地整治盘活利用试点县。二是垃圾分类。坚持生态、绿色、循环、可持续的理念，建成乡镇转运站 16 座，形成"户分类、村收集、乡转运、县处理"治理格局，生活垃圾减量化、资源化、无害化处理能力和水平持续提升。三是污水治理。扩建县城污水处理厂 1 座，新建乡村污水处理厂 4 座，日处理污水能力由 1 万吨提高到 4.1 万吨。同时，将污水处理后广泛用于街道清洁、绿化降尘等方

面，提高中水回用率，形成良性循环。四是厕所革命。采取"通风改良式＋无害化集中处理"和"三格式"模式，高标准完成改厕5.3万座，占比76%，赢得全省农村改厕太行山片区现场会在长子县召开。2020年又新引进ECO生物质智能方便器，让群众"方便"的事情更方便。五是清洁取暖。以"煤改气""煤改电"等方式推进清洁取暖工程，惠及群众11.1万户，基本实现"全覆盖"，广大农村居民的冬天不再寒冷。六是村庄绿化。2019年以来，全县完成植树造林2.1万亩，栽植各类苗木412.6万株，新增绿地面积53万平方米，被评为长治市村庄绿化一类县、全国十大乡村绿化美化县。截至2020年，全县共建设省级美丽宜居示范村22个、市级32个，乡村面貌焕然一新，生态环境更加宜人。同时，我们结合千年古县丰厚的文旅资源，提出并实施"文旅兴县"发展战略，高标准建成全长65公里的金山银山风景道，精心打造了40多个乡村旅游景区景点，成功举办"中国·长子首届金山银山文化旅游节"，初步走出一条"以农促旅、以旅兴农"的农旅一体化发展新路径。

　　总之，在推进乡村治理中，我们做了一些工作，也取得了一定成效，但与上级要求和全县群众期盼相比，还有不小差距。我们将以此次论坛为契机，虚心学习借鉴先进市县的好经验、好做法，进一步完善机制，提升标准，锲而不舍，持续发力，为加快推进乡村治理体系和治理能力现代化而不懈努力！

（作者为山西省长治市长子县委书记）

积极探索宁波市鄞州解法

谢功益

鄞州在推进乡村治理体系建设上有其独特性。与其他地区相比，具有治理形态的典型性。鄞州正处在全域都市化快速推进期，但半城半乡特色鲜明，农村面积约占全区的85%，流动人口多、群众民主意识强、经济社会等各方面问题相互叠加，面对的挑战比别人多，遇到的情况比别人复杂。如何推进区域治理现代化，是时代之问，更是现实之问。2003年9月，时任浙江省委书记的习近平同志到鄞州湾底考察，嘱托把村庄整治与发展经济结合起来，与治理保护农村生态环境结合起来，走出一条以城带乡、以工促农、城乡一体化发展的新路子。十多年来，鄞州始终以习近平总书记的重要指示精神为指引，坚持践行习近平总书记的"湾底嘱托"，积极探索以城带乡、城乡一体的现代化治理路子，创新提出全域治理理念，通过强化政治担当、夯实自治基础、坚持法治原则、发扬德治传统、创新智治思维，聚焦重点领域、关键环节，创新治理模式，完善治理体系，高标准推进全国乡村治理体系建设试点各项工作。

一、强化政治担当，提升基层治理的党建引领能力

一是强化责任落实。制定《鄞州区乡村治理体系建设试点方案》及任务清单，推动20家单位实施党建引领工程、基础夯实工程、基层制权工程、风险化解工程、体制创新工程等五大工程41项任务。积极构建领导小组牵头抓总、镇街属地履责、部门各司其职、村社协同担责的工作体系，逐步完善联席会商、联合作战、治理竞赛、闭环管理等工作机制，确保责任层层压实、工作件件落地、成效项项领先。

二是一线建强支部。坚持把下抓一级与上管一级结合起来，区委下抓一级到村社，每季度召开村社书记交流会，开展村社治理竞技赛；镇街下抓一级到网格，抓到"里弄长""河埠长"，层层压紧压实党建责任。同时推行村社干部备案上管一级到区委，实行村书记队伍区级备案管理和联查联审，在浙江率先建立村书记"廉效激励金"制度，涌现了湾底等全国先进基层党组织。

三是一线提振作风。"三服务"是浙江之治的关键一招。我们结合省市"三服务"，创新开展进农村、进企业、进社区，大走访、大接访、大回访"三进三访"活动，引导党员干部利用"周二夜学"，进村入户送信心、送政策、送服务、送点子、送措施、送关爱，对群众难事解剖麻雀、举一反三，做到小事不过夜、大事不过周。把机关年轻干部派到攻坚破难村、软弱后进村，全日制、全脱产担任第一书记，重点做好抓班子、抓项

目、抓生态、抓实事等几项工作，截至 2020 年，已派出第一书记 105 名，解决基层各类问题 800 多个。

二、夯实自治基础，提升基层治理的社会自治能力

一是深化群众自治模式创新。创新建设说事长廊，村里的大事小事让群众说、大家议、干部办，形成群众点单、干部收单、镇村办单、区里督单、群众签单的闭环解决机制；创新群众参与方式，以群众出资出力等方式，引导群众参与卫生保洁、新村建设等，比如我们联户自建新村，群众自筹资金比例约为 2/3；同时发挥村民负面道德清单、村规民约等约束作用，做到民事民议、民办、民管。

二是推行"三清单"运行法。建立基层公权力责任清单、权力清单、负面清单和运行流程图"三清单一流程"，形成 49 条责任清单、21 条负面清单、93 条权力清单及相应流程图，规范行政村、社区、股份经济合作社运行。同时发挥村监会"村级纪委"作用，真正以"群众明白"还"干部清白"，成为全国创新社会治理典型案例。

三是激发基层首创精神。比如在熟人社会为主的农村，陆家堰村通过与村民约法三章，实行"契约式治理"；陈黄村通过一条直通书记的热线，实现大事小事"书记一点通"。在流动人口较多的村镇，实行出租房"旅馆式"管理，运用"互联网 +"思维，联合住建、应急管理、公安、消防等部门，建立"房管通"信息化平台，对出租房实行入住登记、常态检查、分类监管。

三、坚持法治原则，提升基层治理的法治保障能力

一是打造"最多一次"系列。加快推动矛盾纠纷化解向"最多跑一地"延伸，在区级层面，建成总建筑面积 7000 多平方米、涉及 19 个部门的社会矛盾纠纷调处化解中心，实现"一站式接待、一揽子调处、一条龙服务"。设立集信访受理、信访代办、纠纷受理、公证仲裁等于一体的一站式信访超市。中心运行以来，接待群众来访 2728 批 3186 人次，化解率达 96.8%，群众满意率达 97.9%。在镇级层面，推进"律云"工作站建设，由律师、公证员、人民调解员、心理咨询师等组成"律云"服务队，每个乡镇每年的诉讼案件下降 100 件左右。

二是"老潘警调"标准全国推广。制定浙江首个《警调衔接工作规范》，针对"110"报警中大量的纠纷警情，以"老潘警调中心"旗舰店为标准，在全区 23 个派出所全部建立"老潘警调"品牌连锁店，配套建立完善的工作机制，建立"一个县级警调中心管理辖区驻所工作室"的警调工作新模式，全区的警调工作室在"老潘警调中心"统筹管理下，由原先的"各自为政"变成一个高度组织化的体系，警调工作合力明显增强。

四、发扬德治传统，提升基层治理的文化引领能力

一是推行"乡村德治 20 条"。"乡村德治 20 条"包含了一份"双清单"，即 8 条正面清单，比如见义勇为、孝老爱亲、热心公益等文明新风要弘扬；8 条负面清单，比如办酒铺张浪费、

乱搭乱建、滋事生非等旧俗陋习要摒弃。鄞州区为此还建立了一整套道德评议、量化打分、激励褒奖、约束引导等机制，通过奖励先进、扣罚后进的方式，达到深化农村移风易俗、提升乡风文明建设水平的效果。2020 年已从全区选取 24 个村进行试点。到 2021 年，鄞州全区 50% 以上建制村要实施"乡村德治20 条"撬动基层治理。

二是推进"义乡鄞州"建设。建成全国首个慈善综合体"善园"，覆盖 29 个省市、筹款 3300 余万元，获得中华慈善奖；涌现全国道德模范 2 名、"中国好人" 17 名，创建省级以上文明村 22 个，成为浙江省新时代文明实践中心建设试点区。建成农村文化礼堂 139 家、行政村覆盖率达 60%，2020 年开展活动1142 场次，服务群众 26 万人次，同时积极探索文化礼堂市场化运行模式。

三是开展文明实践活动。结合疫情防控、周二夜学、党员活动日、文明实践活动日等活动，常态化开展志愿服务活动。尤其是在疫情防控期间，全区 21 个文明实践所，300 多个文明实践站招募了 10000 多名志愿者，参与为基层群众买菜、守门、消杀、物流运输等志愿服务活动，打通宣传群众、教育群众、关心群众、服务群众的"最后一公里"。涌现了全国最佳志愿服务组织"小种子"公益阅读社等一批国家级志愿服务品牌。

五、创新智治思维，提升基层治理的科技支撑能力

以"整体思维"提升智慧治理水平，用全局、整体的思路

整合资源、再造流程。从群众的实际需求出发，把各镇各部门的"碎片化"服务，系统集成为"一站式"服务，让"整体"真落实、显成效。通过区社会矛盾纠纷调处化解中心建设，全区依托互联网＋、大数据，构建集社会治理、公共服务、综合管理于一体的全域治理智慧云平台。构建集事态感知、问题分析、通报预警、联动响应等功能于一体的信息集成共享和综合研判机制，为矛盾纠纷"早发现、快处置、联调处"植入智慧芯片。并充分借鉴"最多跑一次"审批"流程再造"的成功经验，将矛盾问题分为"信访、矛盾化解、法律援助、诉讼服务、行政争议"等五大类进行汇总梳理，制定矛盾问题分类清单，确立矛盾问题处置流程。

（作者为浙江省宁波市鄞州区副区长）

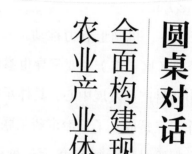

圆桌对话

全面构建现代特色农业产业体系

长治市药茶产业发展情况

郜双庆

乡村振兴关键是产业振兴。药茶是符合山西未来发展的一个很好的产业，符合山西实际，更符合长治的实际。长治从2019年以来，举全市之力大力发展药茶，现在全市发展药茶130多万亩。

第一，机制上有力推动。一是市长亲自挂帅、亲自推动，各个县（区、市）主要领导也参与推动。二是专门成立了长治市中药材产业发展中心，具体承担全市中药材和药茶产业发展工作。三是成立了长治市药茶联盟。全市在种植上实行三项补贴：保险补贴，每亩48元；种植补贴，每亩300元至500元；园区补贴，以50亩为小园区，1000亩为大园区，每个园区补贴30000—50000元。这三项补贴促进了药茶的种植。

第二，强化政策支持。一是园区发展政策。长治市中药材发展园区预计2021年6月建成，凡是在长治投资中药材产业的，免费提供住房、厂房。二是设立长治市药茶发展基金。设立2亿元的药茶发展基金，拿出1000万元支持产业联盟，为到长治发展的企业提供金融支持。三是财政支持。按照"三年三补"的政策，凡是招商引资1亿元以上的，奖励千分之六。四是人才政策。对引进的高端人才博士生或高级职称以上的人才，租房每个月补助2000元，买房补助10万元。对开始投资兴业的，给予相应的财政补贴。长治市培训学院成立药茶发展专业，大力培养农民人才，2020年培训农民1000余人，为药茶稳定发展提供人才基础。我相信，经过3—5年的发展，长治药茶一定能发展成为支柱产业，为山西、为长治转型发展做出应有的贡献。

（作者为山西省长治市副市长）

黄花产业提质增效的方法与路径

邢国明

黄花菜是一种流行于中国、日本、泰国及亚洲多个国家的特色蔬菜，与木耳、冬笋、香菇并称为"四大素山珍"。我国的黄花菜种植面积世界第一，全国黄花菜种植面积约110万亩，主要集中于山西大同、湖南祁东、陕西大荔、甘肃庆阳等几个主产区，其中大同市近年来大力推动以黄花菜为主的特色农业产业发展，种植面积稳步提升，截至2020年已达到约25万亩，年产值近10亿元。

长期以来，黄花菜受饮食习惯、宣传力度、产品种类等诸多因素的影响，产业体量小、发展缓慢，规模化程度较低，产业水平明显落后于大宗蔬菜甚至同类型的木耳、香菇等特色蔬菜。2020年5月11日，习近平总书记视察山西时，深入了解了大同市云州区黄花菜标准化种植及特色农业产业扶贫的情况，对保护好、发展好大同黄花特色优势产业做出了重要指示。习近平总书记的重视和肯定，有效地带动了黄花产业的发展，让更多的人认识和了解了黄花菜。为了进一步使黄花产业提质增效，我建议还需要在以下六个方面发力。

第一，加强黄花菜种质资源收集保护与利用力度，"选好"种质。通过收集梳理全国的黄花菜种质资源，建立高标准种质资源圃，对资源进行产量和品质鉴定，筛选高产优质品种进行推广。

第二，开展黄花菜优异种质创制，"育好"品种。结合黄花菜产业对品种的实际需求，将传统育种方法和现代分子育种手段相结合，创制在产量和营养成分含量方面表现突出的优异品种，提高黄花菜品种更新速度和针对性，从根源上提升黄花菜的品质和产量。

第三，建立黄花菜高效栽培和绿色植保标准化技术体系，"种好"黄花。针对黄花菜种苗繁育、种植、施肥、植保、采收等整个生产流程开展研究，研发绿色高产的专用生产技术和区域联防植保技术，特别是开展与农艺措施相配套的自动化、半自动化机械，降低黄花菜生产收获时的劳动强度，形成可借鉴、能推广的黄花菜生产标准化技术体系。

第四，加强黄花菜新产品开发力度，"吃好"黄花。注重黄花菜保鲜和精深加工的研发投入，提高黄花菜仓储物流时限；大力开发方便化黄花食品，提高产品市场适应性；优化产品适口性，丰富黄花菜加工食品的种类，延长黄花产品产业链。

第五，深入挖掘黄花菜营养功能成分，"用好"黄花。开展黄花菜多糖、卵磷脂、次生代谢产物等功能成分研究，明确其药用价值，推动黄花菜从食品向药品、保健品转型发展。

第六，打造黄花菜龙头品牌，"宣传好"黄花。在政府主导下，加强黄花菜产业扶持力度和龙头品牌培育力度，科学宣传黄花菜，依靠多样化龙头产品，提高老百姓食用、使用黄花菜的需求，确保市场活力。

2020年7月，山西农业大学与大同市政府合作建立了"大同黄花产业发展研究院"，将进一步围绕黄花产业提质增效路径，开展科技创新、成果转化和技术推广。研究院将以灵活协同的机制体制、高效的研发手段，以解决黄花产业关键瓶颈问题为主要目标，助力山西省乃至全国黄花产业提质增效。

（作者为山西农业大学副校长、大同黄花产业发展研究院院长）

黄花菜种质资源保存与利用

李　森

　　2020 年 5 月 11 日，习近平总书记在大同市云州区考察有机黄花标准化种植基地时说，希望把黄花产业保护好、发展好，做成大产业，做成全国知名品牌，让黄花成为乡亲们的"致富花"。7 月，大同市政府联合山西农业大学等单位成立了"大同黄花产业发展研究院"。习近平总书记的关心和肯定，有效带动了黄花产业的发展，让更多的人认识和了解了黄花菜。今天我主要从以下三个方面谈一下黄花菜种质资源保存和利用的工作内容。

一、黄花菜种质资源收集和保存

　　我们所说的种质资源库实际也叫"基因库"，包括古老的地方品种、新培育品种，以及野生近缘种。种质资源库的重要意义在于它保存了一个物种的所有基因。有了这个基因库，科学家索取任何育种材料都会得心应手，便于培育所需的新品种。对于黄花菜产业来说，建立黄花菜种质资源库同样具有重要意义。

目前，我们团队保有萱草属植物资源 390 余份，黄花菜品种 100 余份，包含了大多数代表性资源。同时，建立了完整的表型统计体系，筛选了核心种质，种质资源库保有量全国第一，遗传多样性研究世界领先，并于 2020 年 8 月申请建立国家黄花菜种质资源圃，建成后将成为黄花菜种质资源保有量世界第一的种质资源圃，为培育黄花菜新品种提供重要的物质保障。

二、黄花菜优异种质创制

目前，国内各地黄花菜以地方品种、农家种为主，并且以分株繁殖为主，品种选育工作落后。比如，我省大同地区主要以"大同黄花"地方品种为主，品种单一，病害、虫害发生率高，是黄花菜产业严重的潜在风险。

在种质创新方面，我们的目标就是改善品种单一的问题，创制在产量、开花时间、营养成分以及功能物种含量方面表现突出的优异品种，提高黄花菜品种更新速度和针对性，从根源上提升黄花菜品质和产量。目前，已构建了开花时间、功能物质等多个杂交群体用以筛选优异株系。

三、黄花菜分子标记辅助育种体系

假设要培育一个黄花菜抗病新品种，但问题是"好的"性状很容易和一些"不好的"性状（比如低产量）一起传递给后代。传统育种方法需要不断从杂交后代里筛选出优良品种，需要花费十年甚至几十年时间，而当人们培育成功这个抗病品种的时候，很可能这个抗病能力已经被病原克服了。

分子标记可以简单地理解为基因组这条"高速公路"上的"路标"。首先它能定位，可以告诉你当前位置。其次可以告诉你当前的基因型是什么。另外，有的"路标"还可以告诉你附近有没有什么"著名景点"，有没有重要的功能基因。想象一下，当我们拿到黄花菜的基因组序列，知道了"不好的"和"好的"基因位置以及和它们距离很近的分子标记，那么只需要提取杂交后代的 DNA，然后利用分子标记对这些后代进行基因型筛选，就能达到保留"好的"基因，避免"不好的"性状的目的，省去了大规模的田间试验环节。

目前，我们已经完成了黄花菜二代基因组和转录组的组装，构建了分离遗传群体，开展了连锁和关联分析，正在与中国农科院（深圳）农业基因组研究所合作，利用最先进的三代测序技术（Pacbio 技术）来优化黄花菜基因组组装达到染色体水平，开发均匀覆盖全基因组的 SSR，发现能指示产量、类黄酮含量、花期等重要性状的"路标"，建立分子辅助选择育种体系，从而培育出优异的黄花菜株系。

（作者为山西农业大学园艺学院副院长）

全面构造云州区黄花特色农业产业体系

王凤瑞

大同黄花的主产区在云州区，目前大同市的黄花种植总面积为 30 万亩，云州区的种植面积就达 17 万亩，占大同黄花的一半多。黄花是个好产业，是特色产业、优势产业，比较效益非常高。历史上老百姓说"一斤黄花一斤玉"，也就是说的黄花的比较效益非常高。

云州区的县域经济核心是"三农经济"，做好农民、农业、农村方面的工作，这是区委、区政府首要的任务。特别是云州区是贫困县，脱贫攻坚关键在产业，所以我们就紧紧抓住脱贫的各种政策机遇，抓住黄花这个优势产业、特色产业，围绕产业规模、产业深加工、产业品牌，实施"一二三产"联动发展。近 5 年时间，从 2015 年到 2020 年，规模由原来的 3 万亩，发展到现在的 17 万亩，把所有的贫困户和绝大部分的农民都带入合作社，形成人头一亩黄花，并建立销售一体的合作组织，带动群众组织化发展。特别是贫困户，做到了一人不落、一户不落，全部新建的合作社都有黄花产业。

从黄花产业发展现状来看，产业链条还很短，产业规模还比较小，发展空间还非常大，真正把优势特色产业做大做强，老百姓就能致富。现在云州区黄花龙头企业有 15 家，产品有 30 多个。比如，我国台湾专家开发出的黄花面膜，效果非常好。另外，黄花也叫忘忧草，我们要把黄花提取物研制出一种"忘忧"产品，市场空间很大。

今年 5 月 11 日，是我们山西的好日子，更是我们云州区的好日子。习近平总书记深入大同云州区黄花种植基地地头，实地视察了黄花，给了我们肯定的两句话。小黄花大产业，这是习近平总书记说的第一句话。第二句话，习总书记说黄花产业真是有发展前景。总书记让我们要保护好、发展好，做成大产业、做成大品牌，真正成为人民群众的致富花。习近平总书记的谆谆教诲给予了云州区 18 万老百姓极大的鼓舞。

全区上下用一个月时间反复学习总书记这两句话，围绕下一步如何把总书记讲话精神真正落实好，云州区按照省委、省政府的部署，按照大同市委、市政府的安排，重新规划了云州区的黄花产业发展，包括一产的标准化种植、二产的精细化加工、三产的文化旅游带动。黄花是 40 天的景观期，这两年我们也发展文化旅游，特别是大同市委、市政府，每年在云州区开展黄花文化旅游活动月。在习近平总书记视察的地方有了 3 万亩集中连片的黄花片区，除了一片片金黄色的景观，还有早晨老百姓采摘、劳作和喜丰收的场面，具有非常浓厚的农业特色文化氛围。2021 年我们准备申报国家级现代农业产业园，真正把这个产业做大做强，做成人民群众的致富花。

（作者为山西省大同市云州区区委书记）

为山西特色优势农业产业
插上科技的翅膀

刘 伟

建设山西农谷是省委、省政府的重大战略，是从全区域、全要素、全产业链来构架，规划区域面积 1050 平方公里。省委、省政府又专门给太谷批复成立了太谷农业高新技术产业示范区，列入省级农高区，面积 187 平方公里。经国务院批准，又设立了晋中国家农高区，面积 106 平方公里，核心区 6.59 平方公里。从国家规划层面到省级战略层面，构成了山西农业科技的一个高地。

2017 年 6 月，习近平总书记视察山西时发表重要讲话，特别提出山西要走有机旱作农业的路子，要把有机旱作农业打造成为我国现代农业的重要品牌。2020 年习近平总书记再次亲临山西，提出了山西现代农业的出路在于"特"和"优"，这为山西农谷建成国家农高区提供了根本遵循。

晋中国家农高区（山西农谷）围绕科技创新和深化农村改革两篇文章，聚焦"十个突破"，聚合农产品精深加工十大产业集群，致力打造现代农业创新高地、产业高地、人才高地、开放高地和农村改革先行区。

今天会议的主题是加快现代农业发展，我们圆桌会的主题是构架现代农业体系，我想应该从三个方面来推动山西的现代农业发展，我总结为"321"，也就是要着力"推动三个创新、强化两个保障、推出一系列重大改革"。

（一）推动三个创新

一是科技创新。就是要在农业科技上实现"上山下乡"。"上山"就是形成科技高地。"下乡"就是形成产业洼地，搭建一批科技创新平台，实施一批科技创新项目，建设一批科技创新基地，引进一批科技领军企业。科技创新关键是人才，要构建科学家、企业家、农民专家之间紧密的联接机制，把山西农谷打造成科技创新之谷。

二是生产创新。就是要实现一二三产融合发展。一产上，围绕有机旱作，选育培育一批高品质种子种苗种业，转化推广一批优质新品种新技术新模式，建设规划一批高水平的试验示范试种基地。二产上，立足精深加工，建设精深加工十大产业集群。三产上，推进农旅、文旅、商旅融合发展，让服务业兴旺发达，目标农民群体增收。

三是经营创新。就是要打响山西农业"优""特"品牌。重点建设农产品交易中心、物流中心、电商中心，形成总部经济、展会经济、数字经济、体验经济，将全省的优质农产品推向全国、全球市场。

（二）强化两个保障

一是政策保障。省级层面出台了 4 个黄金政策，整合财政资金统筹使用试点县，设立了人才发展专项资金；省政府专项扶持资金 4 亿元，政府专项债券 7 亿元提高了农高区竞争力。

二是服务保障。科技服务方面，实施"农业科技特派员""院校入企入园"举措，建设山西农谷农民培训中心、大学生创业园、科创基地、科技孵化器、中国科普乡村 e 站等，引进了农信互联、阿里 ET 大脑、布瑞克、乐村淘等一批运营服务商，"智慧农业"正在发挥巨大作用。社会服务方面，采取政府购买服务方式，在生产资料、农业装备、信息咨询、标准化体系建设等方面提供社会化服务，吸引一大批社会组织参与农业生产全过程、全链条服务。金融服务方面，构架了 18 亿元的山西农谷科技基金，落地了 10 亿元的省级农担公司，实施了 32 亿元的 7 个 PPP 项目，特别为番茄小镇搭建了全省首家由经营者付费的 5 亿元 PPP 项目，有效解决了农业发展资金不足的问题，实现农村资源、农业资金资本化。

总之，通过政府优质服务、院校科技服务、社会专业服务，将涉农资源、各类要素向农谷汇集。形象地讲，凡是涉农的人员和企业，在农谷都能够找到政策、资金、技术、人才、信息、市场等创新要素，同时还构建了辐射服务全省"1+10+X"融合发展体系，真正成为山西农业的硅谷。

（三）推出一系列重大改革

改革是现代农业的关键一招。太谷区已经完成了土地确权登记颁证、农村集体产权制度改革等多项改革任务。2020年重点加快推进了以下改革：省级层面推出了山西农大和省农科院合署办公重大改革，实现科研与教学无缝对接，实现成果和产业有效衔接；组建了神农科技集团有限公司，整合全省农业资源，带动现代农业发展。市级层面开展了以"五地一产"入市改革，进一步盘活了农村闲置资源、激活了农村发展动力，全区共引入企业161个、资金84亿元，培育新型职业农民7482人，累计为村集体增收1亿元，为农民增收8187万元。

总之，通过"三个创新、两个保障、一系列改革"，加快布局科技链、构筑创新链、延长产业链、提升价值链，让一切有利于创新创业发展的资源要素加快集聚，让一切市场主体能够施展才干、释放能量、实现价值，真正为山西特色优势农业产业插上科技的翅膀，努力蹚出一条山西现代农业发展新路。

（作者为山西省晋中市太谷区区委书记、

山西农谷党工委书记）

雁门关农牧交错带
建设历程与建设成效

左丽峰

　　雁门关农牧交错带，从地理范畴看，指的是半湿润地区和半干旱地区的气候交汇带，是草地农业和耕地农业的契合发展带。不同于单纯的农区或者牧区，雁门关农牧交错带有自己独特的经济形态，包括雁门关周边的大同、朔州、忻州、吕梁、太原5市37县区。从时间发展历程上看，截至2020年，雁门关农牧交错带建设经历了四个阶段。第一阶段是2001年，省委省政府做出建设雁门关生态畜牧经济区的决策，明确提出要走以牧为主、农林牧协调发展的道路。第二阶段是2016年，农业部划定全国北方农牧交错带，把我省雁门关周边的5市37县区全部纳入其中，占全国北方农牧交错带的1/4。同时还划定9个核心区，我省占两个，即大同市和朔州市。第三阶段是2017年，省委、省政府把雁门关农牧交错带建设上升为三大省级农业战略之一，实现了与国家战略的接续。第四阶段是2020年1月1日，我省颁布实施了《山西省促进雁门关农牧交错带发展条例》。这是全国第一部用于规范农牧交错带建设发展的地方性法规，在全国具有首创意义，推动雁门关农牧交错带区域发展走上了法制化轨道。

作为三大省级农业战略的雁门关农牧交错带，主要有以下三个特色。

一是草。近几年，草业发展的步伐不断加快。区域饲草种植面积达到 650 万亩，占区域种植面积的 31%，其中优质饲草 200 万亩，占全省 70%，饲草加工企业更是达到了全省的 90%以上。朔州市作为全国唯一的整市推进草牧业试点市，在这方面发挥了重要的引领作用。

二是畜。草食畜是雁门关区的优势特色主导产业。比如，大家熟悉的右玉羊、怀仁羊、山阴奶、广灵驴、岢岚绒山羊，等等，全部都在雁门关农牧交错带。近年来，我们大力推进规模化、产业化、品质化发展，草食畜规模养殖场已达 3000 多个，规模化率提高到了 50% 以上。区域奶牛存栏、肉羊出栏、肉牛出栏量分别占到全省的 77%、69% 和 40%，草食畜牧业优势非常明显。畜牧业增加值占农业增加值比重达 45.2%，高出全省 21.7 个百分点。雁门关农牧交错带示范区创新草牧业发展模式，建立草畜一体化示范点，推广"种养结合、农牧循环"等模式，受到农业农村部肯定，并在全国推广，中央电视台、《人民日报》《农民日报》等多家媒体给予报道。

三是生态。雁门关农牧交错带的生态环境得到极大改善，过去人们记忆中白茫茫的金沙滩盐碱地已经一去不复返。现在，全区草林面积已达到国土面积的78%，25度以上坡耕地及严重沙化地基本实现了"应退尽退"，桑干河、御河等河流的生态修复和保护加快推进，畜禽粪污资源化利用率达到83%，区域空气质量综合指数位居全省前列，初步实现了生产发展、生态改善和生活提高的良好局面。

目前，雁门关农牧交错带已不仅仅是三大省级农业战略之一。在省委省政府提出的"十四五"农业战略规划中，十大产业集群中的"乳品"和"肉制品"两大产业集群主要集中在雁门关区；五大出口（商贸）平台中的"中粮"和"北肉"两大平台也都在雁门关区。相信在"十四五"期间，雁门关农牧交错带建设一定会书写浓墨重彩的一笔。

（作者为山西省农业农村厅畜牧兽医局副局长）

科学谋划　真抓实干
蹚出农牧交错发展新路

兰世和

2016 年以来，山西省朔州市紧抓国家北方农牧交错带发展战略机遇，把其列入全市"2+7+N"产业体系，作为乡村振兴、产业兴旺重要支柱，以构建适宜的良好的生态体系和产业体系为手段，突出发展牛羊草三大产业，走出一条种养结合、农牧循环的产业化发展新路。

一、主要经验做法

第一，引草入田，小草成就了大产业。2016 年，朔州市投入 1000 万元实施了"引草入田"工程。历经五年，全市优质牧草种植面积达到 93 万亩，其中全株青贮玉米 50 万亩、苜蓿草 21 万亩、燕麦草 22 万亩。牧草社会化服务组织、龙头企业发展到 156 个，日收割加工能力 7 万亩，形成了牧草种植、收获加工、贮运销售的全产业链条。牧草产品除供应本地外，还向内蒙古、四川、陕西等地提供牧草 8 万吨。草业发展实现了种植业结构调优、养殖业节本增效和农民增收的多赢，全市粮经饲比例调整为 42 ∶ 23 ∶ 35；每亩苜蓿纯收益 1000—1500 元，燕麦草 300 元左右。饲用优质牧草后，一头奶牛每年可节约成本 1000 元，每出栏一只肉羊节约成本 20 元。牧草产业发展成为一项新兴产业。

第二，改造提升，建设现代化奶源基地。落实奶业大省建设战略，坚持标准化建场、现代化管理、精细化饲喂，不断推进原有奶牛园区的改造，共建成现代化奶牛场 154 座、奶牛存栏 18 万头、鲜奶年产量 57 万吨，均占全省一半以上。推行和建设了散栏饲养、TMR 全日粮饲喂、自动化挤奶、智能化管理等先进技术和设施，优质牧草饲喂覆盖面达到了 100%。截至2020 年，成母牛平均单产 9 吨以上，日产鲜奶 1300 多吨，质量全国一流，伊利、蒙牛、光明等大型乳企把我市作为重要奶源基地。

第三，牧繁农育，打造大型羔羊肉基地。充分发挥紧邻草原的区位优势，坚持走牧繁农育羔羊产业化发展道路。全市共建成育肥圈舍 240 万平方米，肉羊饲养量达到 610 万只，年出栏 400万只。拥有 22 家肉羊屠宰企业，总资产 5 亿元，加工能力 600万只，涌现出怀仁金沙滩、朔美羊这两个年销售超 5 亿元的羔羊肉龙头企业，右玉绿源康达等年销售超亿元的企业 3 个，羊肉生熟产品畅销全国，部分出口中东。形成了饲草种植、羔羊育肥、屠宰分割、熟食加工、肠衣加工、羊绒皮革加工等较完整的产业链。

第四，农牧循环，走朔州有机旱作农业之路。40多年来，朔州坚持牛羊产业优先发展，实现了畜多、肥多、粮多良性循环发展。粮食产量由20世纪80年代的7.5亿公斤增加到12亿公斤。同时建成了40万亩蔬菜基地，初步实现了种养结合、农牧循环的目标。

二、今后五年计划

第一，耕地种草面积要达到110万亩。建成年销售收入亿元以上的草业龙头企业5个，牧草销售收入由8亿元增加到15亿元。牧草产品除满足本地牛羊产业的发展需求外，年向外销售20万吨，成为面向内蒙古草原等周边地区的重要牧草供应基地。

第二，着力打造100万吨鲜奶基地。新建和改造提升奶牛园区80个，实现100%的现代化养殖，奶牛存栏达到20万头，鲜奶年产量100万吨。支持鼓励古城乳业做大做强，年销售额由现在的10亿元增加到20亿元。同时引进1—2家知名乳品加工企业，朔州由鲜奶输出大市变成集鲜奶生产、鲜奶加工、乳制品销售于一体的奶业强市。

第三，以建设100亿元肉业基地为抓手，重点做好以下四项工作。一是持续扩大肉羊养殖规模。肉羊饲养量达到800万只，年出栏600万只，总销售收入100亿元。二是建成怀仁市晋北肉业平台。配套建设畜产品电子商务交易、物流信息网络、仓储物流及肉类冷冻库等，建设大型肉业综合平台。三是推进

"牧繁农育"饲喂方式转变。全面普及推广以优质牧草为主的全混合日粮饲喂新技术，提升现代化、智能化管理水平，提升羊肉品质。四是建设"自繁自育"肉羊发展体系。进一步推广以湖羊为母本的高品质肉羊体系，自繁自育母羊100万只，年出栏标准一致、肉质上乘的羔羊200万只。

第四，继续加大牛羊产业发展力度。统筹推进草牧业、有机旱作农业协调发展，走出"种养结合，农牧循环，有机生态，融合发展"的朔州特色现代农业新路径。

（作者为山西省朔州市畜牧兽医服务中心主任）

加强科技创新
推动肉羊产业高质量发展

张建新

一、肉羊产业高质量发展离不开科技支撑

肉羊产业是我国农牧业传统支柱产业，是贫困地区赖以生存的重要经济来源。2019 年《中国统计年鉴》表明，我国羊存栏 2.97 亿只，居全球首位。饲草料成本占肉羊养殖成本 70% 左右，但至今还未发布适用于本地肉羊的精准测定饲养标准，导致很多养羊场户配制饲料无章可循，营养不平衡，饲草料转化率低，羊肉品质差，极大影响了整个产业的健康发展。

2019 年，我省羊存栏 875.6 万只、全国排名第 11 位，但羊肉产量仅 8.1 万吨、全国排名第 15 位，生产水平远低于全国平均水平。

作为国家肉羊产业技术体系饲料生产与安全岗位科学家，历经 10 年完成了我国地方肉羊不同生产目标的营养需要量测定和饲草料营养价值综合评定，并经农业农村部立项修订国家肉

羊饲养标准。以这套精准测定的饲养标准为依据设计的饲料配方及系列饲料产品，在雁门关优势肉羊产区进行了大面积示范推广，肉羊生产效率和羊肉品质显著提高，这项标准也为我国肉羊产业高质量发展提供了强有力支撑。

二、科技支撑需要"产学研""校政企"高度融合的运行模式

产业高质量发展离不开高校科技支撑与科技创新，高校人才培养与科研提升离不开深入产业的锤炼，高校与产业有效融合与相互促进离不开政府的平台与支持。"产学研""校政企"高度融合是国家创新驱动的战略需求。我们深入研究三方互动的高效运行模式，实现"校政企"资源优化配置，推动"产学研"有机结合，全方位激发科技创新与科技支撑的活力。

三、科技支撑需要"全面推进"与"重点突破"相结合

科技创新需要一个过程。面对国家推动农牧产业高质量发展的需求，我们不宜以有限的条件与经费全面推进，要针对产业发展瓶颈和关键问题进行重点突破。比如，羊产业长期以来粗放散养，产业发育程度落后猪、鸡近20年，推动肉羊产业高质量发展首先需要解决占饲养成本70%的营养平衡与饲料配制问题，兼顾良种繁育与疫病防控，理顺产销环节。只有这样，才能实现可持续健康生产，才能逐步实现标准化、智能化的高质量发展。

四、科技创新需要切实加强平台与团队的建设

面对产业高质量发展要求，科技创新既不能一哄而上，也不能单打独斗。相关职能部门要认真梳理、避免重复支持。要加强科技创新平台与团队建设，根据产业发展瓶颈确定联合攻关的关键问题、确定领军人才，以优秀的科研团队实施集团作战，以分工明确的科技创新平台与团队加快科技创新与成果转化，进一步增强产业核心竞争力，推动产业高质量发展。

（作者为山西农业大学教授）

牧草企业发展的思路以及未来展望

郭玉平

朔州市骏宝宸农业科技股份有限公司主要是做牧草加工、销售、种植，年加工能力15万吨。下面我就相关情况与大家做一交流。

第一，牧草发展现状。牧草是一新兴产业，进口量大。现在面临的主要问题，一是种植面积不够，二是质量上不去。必须有基础加工能力，但国内机械设备跟不上草原发展和生产。

第二，牧草产业发展。首先，要提高加工能力。进口国外牧草加工设备保证牧草加工企业基础加工能力；同时，要合作整合一部分企业，提高加工能力。其次，要做到"三个制宜"。因地制宜，根据各区域气候、光照、水利优劣确定加工时间和次序；因时制宜，根据作物生长期控制收割时间，挑选品种，创新拓展种植模式；因需制宜，根据客户需求，实行低端、高端产品相结合。再次，要严控品质、科技创新。建立自己品牌，大力引进人才，开展技术研发，补齐短板和生产加工缺陷。最后，要示范带动、服务支持、合作发展，牧草企业不可能把所有的都做了，必要的示范种植是应该有的，通过入股、合作种植，提高牧草种植收获能力。

（作者为朔州市骏宝宸农业科技股份有限公司董事长）

山西药茶产品属性
与产业发展的科学定位

施怀生

山西药茶作为转型发展的主导性产业，从 2019 年 5 月省委主要领导同志提出来，到现在不到一年半时间。这段时间，省委、省政府花的力气非常大，我们真正在举全省之力打造转型新兴产业。

2019 年 5 月，省委书记楼阳生率先提出了山西要发展药茶的概念，到 2019 年底省委经济工作会议明确提出要打造中国第七大茶系。2020 年 3 月 20 日，省委、省政府推出了山西药茶区域公用品牌，并召开了品牌发布会，推出了电视宣传片。4 月21 日组建了山西药茶产业联盟。5 月 21 日在昭馀古城向全球推荐山西药茶。9 月又组团参加了北京国际服务贸易交易会，主推山西药茶，同时组织编写了山西药茶科普专著。前不久又在煤炭交易中心举办了山西药茶品鉴活动，规模和影响都很大。

山西药茶要做一个全球主导产业，推出的时间并不久，很多人对它并不认识，甚至一些学者还不认同。曾有朋友问我，什么是山西药茶，到底是药还是茶？我给大家讲三句话：

第一句话，化药为茶是根本。药是原料，茶才是产品，完成把药变成茶的过程才是药茶。药茶这个词不是山西人生创的，也不是山西人的专利，早在宋代，我国古典文献就反复出现了"药茶"，只不过在中医界，治疗性药茶和养生性药茶是并行的，没有区分开。中华人民共和国成立后，治疗性药茶类似于药品管理，养生性药茶呈现散在性发展趋势，没有在山西全省域打造一个产业，所以大家听得比较少。大家所熟知的王老吉、加多宝就是药茶，是药茶的液体茶或者饮料茶的一个形态。所谓山西药茶，就是选取山西地道的药食两用的药材为主要原料（这里包括新食品原料和地方特色食品原料，可以适量添加原茶），按照中医养生理论和祖方，采取制药和制茶复合工艺制成的冲泡类食品。因此，药茶是冲泡类食品，不是药品，像王老吉那样的仿茶类产品，实现了医道和茶道的有机融合，在品茶中达到养生保健的目的。正所谓以药制茶、化药为茶，茶载药性、药随茶形，药的功效、茶的味道，茶药融合、相得益彰，这就是山西药茶。从产业类别来说，它既属于农产品初加工，又属于食品加工业，有两个业态的属性。

第二句话，纯正口感是关键。好喝才是硬道理。药茶是茶，是食品。既然是茶，就要按照饮茶来对待，尽管有养生功效，但养生功效是一个慢性、持续积累的功效。茶的功效在于持续积累，就必须要好喝。我们强调药的功效、茶的味道，一定要像茶那样好喝，外观要精致好看，汤色鲜亮。所以，我认为好喝才是硬道理。

第三句话，科学配伍是灵魂。养生功效依靠单体是很难实现的，再加上凡是药物都有它的寒热天性，都有它苦涩的口感，都有定时定量的限制，怎么办？科学配伍避免了寒热极端天性，并减少了苦涩口感，再加上减量投入，我们就可以持续饮用了。中医药配伍有两条路径，一是七情修合，七情修合指的是我们常说的"单品"和"对药"，在药茶中常用的是单行、相须、相使、相畏。二是君臣佐使，君臣佐使针对的是以多种药材为原料，按照不同的养生需求，立足不同的药效药性，区别轻重缓急、主次矛盾等进行配伍组方。比如，调节免疫、调解疲劳、改善睡眠、增强记忆力、辅助降脂降糖，等等。因此，科学配伍一定要讲究，才能让不同的功效体现出来。山西药茶最讲究科学配伍，再加上特定的工艺，比如进一步采取"花卉叶芽类精制入茶、种子果实类炮制入茶、根茎皮质类提取入茶"等独特工艺，山西药茶今后一定能香飘万家。

（作者为山西中医药大学研究员）

山西药茶产业联盟
运营现状及下一步思路

李安平

2019 年 5 月 30 日，楼阳生书记在忻州农业产业龙头企业家座谈会上，提出要打造山西药茶龙头产业。我认为，山西药茶产业具有很好的发展前景。一是我国药茶产业市场前景广阔，市场规模为 1600 亿元左右；二是目前全国没有一个省份打造药茶品牌，而且品牌比较杂乱；三是药茶销售市场需求量大。

省委、省政府把山西药茶作为农业产业发展的引擎和抓手，非常正确。第一，药茶是一个附加值很高的产业，对促进就业等具有很大作用，潜力巨大。第二，山西药茶资源丰富。全国道地药材 200 多种，山西独占 39 种；全国保健食品 116 种，山西独占 61 种，这是我们最宝贵的资源。在其他地方还没有叫响区域品牌时，我们完全可以凭借药茶资源优势打响山西药茶区域品牌，就像当年的山西煤炭。第三，山西中药文化底蕴深厚。我国第一个药厂就是晋中的白家成立的，广誉远比同仁堂早 127 年。

茶本身就是一种文化，山西药茶底蕴深厚。在省委、省政府有力推动下，山西药茶品牌正在打响，并走向全国，预计2020年全省药茶销售量可比2019年翻两番，山西药茶产业联盟的目标是"十四五"末达到百亿产值。

中国茶市场越来越广阔。人们年龄越大，越喜欢品茶。但我们还需要创新，了解年轻人的思维模式，让更多年轻人认识山西药茶、宣传山西药茶。相信山西药茶一定是一个给山西添彩的品牌，一定是一个共享潜力巨大的产业。

（作者为山西振东健康产业集团董事长）